EXPOSÉ DES MOTIFS

DU

CODE PÉNAL,

PRÉSENTÉ AU CORPS LÉGISLATIF

PAR

MM. LES ORATEURS DU GOUVERNEMENT,

*Dans les SÉANCES des 2, 3, 5, 6, 7, 9, et 10
Février 1810.*

Pour faire Suite et servir de Commentaire à l'EDITION
OFFICIELLE du CODE PÉNAL.

Prix 2 fr. 50 c. — Pap. vél. 5 fr.

A PARIS,

Chez A. GALLAND, Libraire, rue Saint-Thomas-du-Louvre, n° 3a.

1810.

TABLE

DE L'EXPOSÉ DES MOTIFS

DU CODE PÉNAL.

Fin de la Table des Motifs du Code pénal.

EXPOSÉ DES MOTIFS

DU

CODE PÉNAL.

MOTIFS du Livre Ier, Chapitres I à IV, présenté au Corps législatif par MM. les Comtes TREILHARD, FAURE *et* GIUNTI, *Conseillers d'Etat.*

Séance du 2 Février 1810.

MESSIEURS,

Si la lecture des lois pénales d'un peuple peut donner une juste idée de sa morale publique et de ses mœurs privées, le Code pénal qui vous est annoncé, et dont nous vous portons le premier Livre, attestera les progrès immenses qu'ont faits parmi nous la raison et la philosophie.

Vous n'y trouverez que des peines nécessaires, des peines clairement énoncées, répressives et jamais atroces; vous y verrez aussi des dispositions faites pour diminuer la masse des désordres, parce qu'elles placeront sous une surveillance active et salutaire les hommes dont les intentions perverses auront éclaté.

L'Assemblée constituante a dégagé notre législation pénale de plusieurs dispositions contre lesquelles l'humanité réclamait depuis long-temps; elle a réduit la peine de mort à la simple privation de la vie; elle a fait disparaître les supplices barbares du feu, de la roue et d'être tiré à quatre chevaux. Toute mutilation est défendue, et les peines de lèvre coupée, de langue percée, et autres de cette nature, ne souillent plus le Code français. C'est déjà un grand pas vers la perfection; mais cette assemblée célèbre, qui se distingua par tant de *conceptions utiles*, qui détruisit *tant d'abus*, qui avait, sans contredit, pour elle *la pureté des intentions*, ne se tint pas toujours en garde contre l'*enthousiasme du bien*: le flambeau de

1

l'expérience qui lui manquait, a fait apercevoir depuis d'utiles améliorations dont le Code de 1791 est susceptible.

L'Assemblée constituante crut devoir poser en règle qu'aucune
peine ne serait perpétuelle ; celle des fers, la première après celle
de mort, ne dut jamais être prononcée que pour un temps qui, dans
aucun cas, n'excéderait vingt-quatre années.

La durée des peines fut déterminée, pour chaque espèce de crime,
d'une manière invariable ; la marque et la confiscation furent sup-
primées ; enfin, un coupable qui avait subi sa condamnation, fut
lancé sans précaution dans la société, pour y jouir de toute la
liberté des autres citoyens.

Les bases du projet qui vous est soumis, diffèrent, sur ces points
importans, de celles posées par l'Assemblée constituante.

Nous avons pensé que, pour parvenir à une juste gradation des
peines, il fallait en établir de perpétuelles.

Il nous a paru suffisant de régler la nature des peines à appliquer,
et de fixer les termes qu'elles ne pourraient excéder, sans déterminer
la durée précise de celle qui serait prononcée contre chaque
condamné ; les magistrats la régleront dans la latitude que la loi
leur laisse.

Nous avons rétabli la peine de la marque.

La confiscation pourra être prononcée dans certains cas.

Enfin les condamnés, après avoir subi leur peine, seront placés
sous une utile surveillance.

J'aurai occasion de remarquer dans la suite quelques autres différences moins importantes entre la législation pénale de l'Assemblée
constituante et celle qui vous est proposée.

Quant à présent, je dois me borner à exposer en peu de mots les
motifs qui ont fait adopter les nouvelles bases.

Et d'abord, pour peu qu'on veuille y réfléchir, on sera bientôt
convaincu que la distance entre une peine temporaire et la mort
est si immense que, pour la combler, il faut nécessairement établir
une peine perpétuelle ; sans elle plus de gradation, et toute proportion
entre la peine et certains crimes est absolument rompue.

On ne peut disconvenir, par exemple, qu'un fonctionnaire coupable de faux en écriture authentique, et dans l'exercice de ses fonctions, doit être puni beaucoup plus sévèrement qu'un particulier
qui a commis le même crime ; et lorsque celui-ci subit une simple
peine temporaire, si on ne prononce pas la peine de mort contre le
premier, parce qu'il est dangereux de donner trop souvent au peuple
le spectacle du sang versé, il mérite certainement de subir, à perpétuité, la peine prononcée temporairement contre l'autre.

Le faux monayeur qui a altéré ou fabriqué des espèces d'or ou
d'argent est puni de mort ; convient-il d'appliquer la même peine à

celui qui n'a altéré ou fabriqué que des espèces de cuivre ? Si la gravité du crime et ses funestes conséquences ne permettent pas de se borner en ce cas à une simple peine temporaire, n'est-il pas plus convenable, dans l'alternative de la peine de mort ou d'une peine perpétuelle, de se borner à cette dernière ?

La règle posée par l'Assemblée constituante, que nulle peine ne serait perpétuelle, détruisit donc les proportions qui doivent exister entre les peines et les crimes; dans son système on est souvent exposé, ou à infliger au coupable une peine trop sévère, ou à lui faire grâce d'une partie de celle qu'il a encourue.

Vivement frappée de quelques erreurs graves reprochées aux tribunaux, l'Assemblée constituante ne crut pas pouvoir resserrer dans des bornes trop étroites la délégation de pouvoir faite à la magistrature ; elle régla, en conséquence, avec une exacte précision, la durée de la peine qui devait être appliquée à chaque fait particulier, et elle voulut qu'après la déclaration du jury, la fonction du juge fût bornée à l'application mécanique du texte de la loi.

Sans doute le Magistrat ne doit et ne peut prononcer que la peine de la loi; mais n'y a-t-il pas quelque distinction à faire entre deux hommes convaincus du même crime ? Doit-on placer sur la même ligne le jeune homme séduit, que des conseils désastreux et son inexpérience ont précipité dans l'abîme, et l'homme dont la profonde corruption est manifeste et dont toute la vie est souillée de crimes ?

Ici, nous avons pensé qu'une saine politique et la justice bien entendue appelaient sur la magistrature une marque honorable de confiance : non que les Cours puissent changer la nature de la peine indiquée par la loi: mais la loi voudra que chaque espèce de peine puisse être prononcée pour un temps qui ne doit être moindre ni excéder les limites qu'elle prescrit. C'est dans cette latitude que les Magistrats, après avoir présidé à toute l'instruction, pesant le degré de perversité de chaque accusé, connaissant parfaitement toutes les circonstances qui peuvent aggraver ou atténuer le fait, c'est, disons-nous, dans cette latitude que les Magistrats fixeront la durée de la peine légale qu'ils doivent appliquer.

La peine de la marque ou de la flétrissure fut proscrite par l'Assemblée constituante, parce qu'elle offre un caractère de perpétuité que l'opinion d'alors repoussait; vous avez déjà vu que la perpétuité de quelques peines était nécessaire pour la perfection du système pénal, et l'on ne peut se dissimuler que l'apposition publique de la marque produit, et sur le coupable et sur les spectateurs, une impression qui ne peut être que vive et profonde.

Je pourrais ajouter que la marque est un des moyens les plus efficaces pour constater les récidives dont il est si important de s'assurer; mais je ne crois pas qu'il soit nécessaire de s'appesantir sur cet article, puisque déjà vous avez adopté le rétablissement de la peine de la marque pour certains crimes, et que l'expérience a démontré les bons effets de cette mesure.

La confiscation générale fut aussi écartée du Code de 1791; nous n'hésitons pas à en proposer le rétablissement.

Les intentions philantropiques de l'Assemblée constituante, quand elle rejeta la confiscation et la marque, étaient certainement louables; mais, ne craignons pas de le dire, cette assemblée a trop souvent considéré les hommes, non tels qu'ils sont, mais tels qu'il serait à desirer qu'ils fussent; elle était mue par un espoir de perfectibilité qui malheureusement ne se réalise pas; et si, dans le mouvement rapide qui l'entraînait, cette erreur fut excusable, nous ne le serions pas, nous qui, éclairés par l'expérience, méditons dans le calme des passions; nous ne serions, dis-je, pas excusables de persister à méconnaître l'efficacité incontestable de quelques moyens de répression qui ne furent pas bien appréciés en 1791.

On objecte que la peine de la confiscation réfléchit sur des enfans qui peuvent n'être pas complices du crime de leur père : mais qui donc souffrira pour les fautes des pères, si ce ne sont les enfans? Lorsqu'un homme a consumé tout son patrimoine par des spéculations insensées, ou par des voies souvent plus répréhensibles, ses enfans ne supportent-ils pas la peine des égaremens de leur père ?

Lorsque des réparations civiles, prononcées en faveur d'une victime du crime, absorbent toute la fortune du coupable, peut-on se récrier contre sa condamnation sous le frivole prétexte que sa succession est ruinée?

Or, qu'est-ce que la confiscation prononcée pour des crimes qui ont pour but de renverser l'Etat, le Gouvernement et la fortune publique (car la confiscation n'est proposée que pour des crimes de cette nature); qu'est-ce, dis je, que la confiscation dans des cas de cette espèce ? C'est évidemment une indemnité légitime, toujours trop faible pour la réparation du tort que l'on a fait, et qui ne couvre presque jamais les dépenses qu'on a occasionnées. La confiscation qui devait être odieuse, quand on l'appliquait sans choix et sans discernement, n'aura rien que de convenable, rien que de juste, lorsqu'elle sera appliquée avec mesure et discrétion.

Je ne vous dirai pas qu'en rejetant la confiscation pour des crimes contre la sureté de l'Etat, il serait souvent fort à craindre qu'on ne laissât aux ennemis de la chose publique des moyens de lui nuire; je n'ai pas besoin de ces considérations secondaires pour justifier une mesure toute fondée sur un principe de justice; déjà même la confiscation a été rétablie pour les crimes de fausse monnaie. Au reste, vous verrez dans la suite combien la rigueur de cette peine est adoucie dans l'exécution, et vous serez convaincus qu'on a su concilier ce que prescrivait la justice et ce que conseillait l'humanité.

Enfin, en nous occupant des voies de répression, nous n'avons pas négligé les moyens de prévenir le mal; les condamnés, après avoir subi leur peine, demeureront, dans les cas prévus par la loi, sous la surveillance de la haute police.

Dans un petit État, tout le monde est surveillé, parce qu'on est pour ainsi dire réuni sur un même point, et que personne ne peut se soustraire à l'œil vigilant de ses concitoyens; dans un Empire immense, il est nécessaire qu'une institution sage et active remplace cette surveillance respective qui ne peut pas y exister; il faut que les hommes pervers ne soient jamais perdus de vue : or quelle dénonciation plus pressante que celle qui résulte d'un arrêt de condamnation?

Je crois, Messieurs, que cette mesure sera vue avec reconnaissance par tous les amis de la paix publique. Je dirai dans la suite comment elle s'effectuera; dans ce moment je ne dois vous parler que des bases en général du projet qui vous est soumis.

J'ai justifié celles que nous avons adoptées en matière criminelle; j'ai peu d'observations à faire sur celles en matière correctionnelle.

L'Assemblée constituante punissait les délits par l'amende, la confiscation, en certains cas, de la matière du délit, et par l'emprisonnement.

Nous avons cru devoir ajouter à ces peines celle de l'interdiction, à temps, de certains droits civiques, civils, ou de famille, et même, dans quelques cas, le renvoi sous la surveillance spéciale du Gouvernement. Je n'ai rien à ajouter à ce que j'ai dit sur cette dernière. Quant à la privation temporaire de certains droits, je demanderai quelle peine plus convenable on peut infliger à celui qui, par exemple, aura troublé la paix et commis quelque délit dans une assemblée politique, que celle de lui en interdire l'entrée pendant un certain temps? Au reste, on a dû prévoir l'abus et ne rien laisser à l'arbitraire du juge; les peines de cette nature, ainsi que celle de la mise en surveillance, ne seront prononcées que dans les cas où elles seront autorisées par une loi précise.

Après avoir développé les nouvelles bases du projet du Code pénal, je dois vous donner une idée du plan que nous avons suivi.

L'ouvrage est divisé en quatre Livres.

Le premier énonce les peines établies par la loi; il prescrit le mode de leur exécution, et il en règle les effets.

Le second a pour objet les personnes punissables, excusables ou responsables pour crimes ou pour délits.

Le troisième détermine la nature de la peine encourue par chaque crime ou chaque délit commis, soit contre la chose publique, soit contre les particuliers.

Le quatrième enfin est destiné aux contraventions de police et aux peines dont elles sont susceptibles.

Cette division embrasse l'ensemble des matières criminelle et de police; et vous verrez dans la discussion des différens Livres, que nous avons rempli plusieurs lacunes du Code de 1791.

Nous n'apportons aujourd'hui que le premier Livre: il expose, en général, les peines que les tribunaux pourront infliger, sans s'occuper, en aucune manière, de leur application aux faits particuliers; il règle, comme je l'ai déjà annoncé, le mode d'exécution de ces peines et leurs effets. Ces dispositions sont précédées d'un petit nombre d'articles préliminaires.

Le premier de ces articles définit les expressions de *crime*, *délit*, *contravention*, trop souvent confondues et employées indifféremment. Désormais le mot *crime* désignera les attentats contre la société qui doivent occuper les Cours criminelles; le mot *délit* sera affecté aux désordres moins graves qui sont du ressort de la police correctionnelle; enfin, le mot *contravention* s'appliquera aux fautes contre la simple police.

Le second article préliminaire punit des mêmes peines que le crime, les tentatives manifestées par des actes extérieurs, et suivis d'un commencement d'exécution, lorsque cette exécution n'a été suspendue ou n'a manqué son effet que par des circonstances fortuites, indépendantes de la volonté du coupable.

Il a commis le crime autant qu'il était en lui de le commettre; il a donc encouru la peine prononcée par la loi contre le crime. La sûreté publique avait déjà provoqué cette disposition, qui se trouve textuellement écrite dans une de nos lois. On peut même dire qu'elle est un développement nécessaire de deux articles du Code pénal de 1791, qui infligent aux tentatives d'assassinat et d'empoisonnement les mêmes peines qu'au crime consommé.

Mais cette disposition ne peut pas être si généralement adoptée pour les délits, parce que les caractères n'en sont pas aussi marqués que les caractères du crime; leur exécution peut très-bien avoir été préparée et commencée par des circonstances et des démarches qui, en elles-mêmes, n'ont rien de répréhensible, et dont l'objet n'est bien connu que lorsque le délit est consommé. Il a donc été sage de déclarer que les tentatives du délit ne seraient considérées et punies comme le délit même, que dans des cas particuliers, déterminés par une disposition spéciale de la loi.

Le dernier des articles préliminaires retrace une maxime que l'on peut regarder comme la plus forte garantie de la tranquillité des citoyens: « Nulle contravention, nul délit, nul crime ne peut être » puni de peines qui n'étaient pas prononcées par la loi avant qu'il » fût commis ».

Un citoyen ne doit être puni que d'une peine légale ; il ne doit pas être laissé dans l'incertitude sur ce qui est ou n'est pas punissable ; il ne peut être poursuivi pour un acte qu'il a pu, de bonne foi, supposer au moins indifférent, puisque la loi n'y attachait aucune peine.

Vous pouvez, Messieurs, juger par la disposition de cet article, de l'esprit qui a présidé à la rédaction du Code pénal. Vous voyez que si l'on s'est occupé efficacement de la recherche et de la poursuite des hommes qui se constituent en état de guerre avec la société, on n'a pas apporté moins de soin pour ne pas troubler la sécurité du citoyen paisible qui ne transgresse les dispositions d'aucune loi.

Le premier Livre, dont vous entendrez bientôt la lecture, donne le tableau des peines que les tribunaux pourront prononcer.

Celles adoptées en matière criminelle, sont : la mort, les travaux forcés à perpétuité, la déportation, les travaux forcés à temps, la réclusion, le carcan, le bannissement, la dégradation civique, la marque, la confiscation, et le renvoi sous la surveillance de la haute police.

L'Assemblée constituante n'avait inséré dans son Code que les peines de mort, des fers, de réclusion, de la gêne, de la détention, de la déportation, de la dégradation civique et du carcan : nous en avons conservé une partie et nous avons apporté quelques modifications dans les autres.

Il nous a paru à propos de remplacer par la peine des travaux forcés celle des fers, qui, n'étant établie que pour les hommes, avait mis dans la nécessité d'introduire, particulièrement pour les femmes, la peine de la réclusion : celle des travaux forcés, que nous substituons, peut être appliquée aux deux sexes, en donnant à chacun l'espèce de travail qui peut lui convenir. Ainsi, les femmes ne pourront être employées à ces travaux que dans une maison de force ; les hommes pourront être employés à toute espèce de travaux pénibles, avec les précautions suffisantes pour prévenir leur révolte ou leur évasion.

La peine des travaux forcés étant commune aux deux sexes, nous avons fait de la peine de la réclusion, qui, dans le Code de 1791, est particulière aux femmes, une peine également commune, et nous avons pu supprimer la peine de la détention.

Nous avons aussi supprimé la peine de la gêne, qui consistait à être enfermé dans une maison de force, sans aucune communication à l'extérieur ni avec les autres prisonniers : cette peine était prononcée quelquefois pour vingt ans.

Nous avouerons que nous n'avons pas reconnu, dans cette occasion, les sentimens philantropiques de l'Assemblée constituante.

Quel est donc le sort d'un homme enfermé pour vingt ans, sans espoir de communication ni à l'intérieur ni à l'extérieur ? N'est-il pas plongé vivant dans son tombeau? Quelle peut être d'ailleurs l'utilité de cette peine? On ne peut pas dire qu'elle est établie pour l'exemple, puisque le condamné, soustrait à tous les yeux, est mort pour ainsi dire à la société : d'ailleurs, il est presque impossible qu'une disposition qui introduit une séquestration aussi sévère, soit jamais exécutée; *nouveau motif pour faire disparaître du Code la peine de la gêne.*

En supprimant cette peine, nous avons rétabli celle de la rélégation ou du bannissement. Elle nous a paru convenable pour certains crimes politiques qui, ne supposant pas toujours un dernier degré de perversité, ne doivent pas être punis des peines réservées aux hommes profondément corrompus.

Vous jugerez, Messieurs, dans la suite, si les peines que nous avons cru devoir adopter sont appliquées avec sagesse aux crimes et aux délits. Le premier Livre du Code que nous vous présentons, ne s'occupe, je le répète, en aucune manière, de cette application; les règles en seront tracées dans les autres Livres. J'ai dû me borner aujourd'hui à vous faire connaître notre système pénal, et à vous donner une idée du mode d'exécution et des effets des peines qui pourront être infligées.

J'aurai peu d'observations à faire sur le mode d'exécution; il s'éloigne peu du mode actuel, et les dispositions que nous vous présentons sont du nombre de celles qu'il suffit de lire pour les justifier.

L'Assemblée constituante a réduit la peine de mort à la simple privation de la vie. En applaudissant à cette mesure, nous avons cependant pensé qu'elle devait éprouver une légère dérogation pour un crime qu'on ne peut pas se dispenser de prévoir, puisqu'il ne nous est malheureusement pas permis de le regarder comme impossible, pour le parricide; le monstre aura le poing coupé. Puisse notre siècle n'avoir jamais à rougir de cet horrible forfait!

Les condamnés à la peine des travaux forcés à perpétuité seront toujours flétris sur la place publique, par l'application d'une empreinte avec un fer chaud sur l'épaule droite : les condamnés à d'autres peines ne subiront cette flétrissure que dans les cas où la loi l'aura attachée à la peine qui leur est infligée.

Ceux qui seront condamnés à la peine des travaux forcés à perpétuité ou à temps, et à la peine de réclusion, seront, avant de subir leur peine, attachés au carcan sur la place publique, pour y demeurer exposés aux regards du peuple durant une heure.

La déportation s'effectuera par un transport dans un lieu déterminé par le Gouvernement, hors du territoire continental de l'Empire, et pour y demeurer à perpétuité.

Les condamnés au bannissement seront transportés hors du territoire
toire

toire de l'Empire; s'ils y rentrent avant le temps prescrit, ils seront punis de la peine de la déportation.

Si les déportés rentrent, ils subiront la peine des travaux forcés à perpétuité.

Celui qui aura été condamné à la réclusion, sera renfermé dans une maison de force, et employé à des travaux dont le produit pourra être, en partie, appliqué à son profit.

La dégradation civique consistera toujours dans la destitution et l'exclusion des condamnés de toutes fonctions ou emplois publics. Ces dispositions ne présentent rien de nouveau, rien qui exige une explication.

Quant à la durée des peines temporairement infligées, l'échelle en a été graduée de manière à correspondre à l'échelle des crimes, en sorte que la proportion entre le fait et la peine ne sera jamais rompue.

Vous avez vu dans le Code d'Instruction criminelle, que les tribunaux de police ne pourront prononcer la peine d'emprisonnement que pour cinq jours. La peine d'emprisonnement, en matière correctionnelle, ne pourra être prononcée pour moins de six jours, ni pour plus de cinq ans, sauf le cas de récidive.

La durée de la peine du bannissement et de celle de la réclusion sera au moins de cinq ans, et de dix ans au plus.

La peine des travaux forcés ne pourra, comme les précédentes, être moindre de cinq années; elle ne pourra pas en excéder vingt.

Le projet règle au surplus, avec précision, le moment où commencera la peine, le lieu où seront faites les exécutions, les jours où il ne sera pas permis d'en faire.

Il serait superflu d'entrer dans des explications sur ces objets de détail; je passe aux effets des peines prononcées. Je crois pouvoir me dispenser de remarquer que toute peine en matière criminelle est infamante, et que les peines des travaux forcés à perpétuité et de la dégradation emportent la mort civile.

L'effet de la condamnation aux travaux forcés à temps, au bannissement, à la réclusion ou au carcan, ne doit pas être aussi étendu; mais la tache d'infamie, imprimée sur le front des condamnés, ne permet pas que leur témoignage soit admis en justice, et surtout leur présence ne doit jamais souiller les rangs des braves qui ont porté si loin la gloire du nom français : ils sont, en conséquence, déclarés déchus du droit de servir dans les armées de Sa Majesté.

Ceux qui ont été condamnés à la peine des travaux forcés à temps et de la réclusion, sont, de plus, pendant la durée de leur peine, dans un état d'interdiction légale; il ne faut pas, comme il est trop souvent arrivé, que des profusions scandaleuses fassent d'un séjour d'humiliation et de deuil un théâtre de joie et de débauche.

Le curateur qui administrera le bien du comdamné, ne pourra lui faire aucune remise de ses revenus pendant la durée de la peine; lorsqu'elle sera subie, le curateur rendra compte de son administration.

La confiscation ne pourra jamais porter le moindre préjudice aux droits acquis par des tiers sur les biens du condamné. Si une sévérité juste et politique a nécessité l'adoption de cette mesure, l'humanité en tempérera la rigueur dans l'exécution; non seulement les biens confisqués demeurent grévés des dettes légitimes, ce qui est de toute justice, mais les enfans et la famille du condamné éprouveront encore la bienfaisance du Gouvernement : les enfans recevront la moitié de la portion dont leur père n'aurait pu les priver dans sa succession; les parens qui pouvaient avoir droit à des alimens, n'en seront pas déchus, et l'Empereur pourra encore disposer, en tout ou en partie, des biens confisqués, en faveur des père, mère, enfans, ou des autres parens des condamnés. C'est ainsi qu'après avoir assuré la punition du coupable, la loi prépare le moyen de récompenser la bonne conduite des membres de sa famille.

Je passe aux effets du renvoi sous la surveillance de la haute police de l'État.

Nous devons attendre, comme je l'ai déjà observé, des résultats heureux de cette mesure; mais il a fallu prévoir les abus de l'exécution, et ne tolérer que la rigueur qui est indispensable.

Celui qui sera placé sous cette surveillance donnera une caution solvable de bonne conduite; on pourra exiger une caution de ses père, mère, tuteur ou curateur, s'il est en âge de minorité; toute personne pourra même être admise à fournir pour lui cette caution : à son défaut, le Gouvernement peut ordonner l'éloignement du condamné, même lui indiquer une résidence dans un lieu déterminé; et s'il n'obéit point à l'ordre qu'il aura reçu, le Gouvernement pourra le faire arrêter et le détenir pendant tout le temps fixé pour l'état de surveillance.

Indépendamment des peines dont je viens de parler, les cours et tribunaux peuvent encore prononcer des restitutions, des amendes, des condamnations de frais : le projet pourvoit aussi au mode d'exécution de ces dispositions; mais les articles n'en sont susceptibles d'aucune observation particulière.

Il ne me reste plus actuellement qu'à vous faire connaître le dernier chapitre du premier Livre du Code pénal; il est relatif aux peines de la récidive pour crimes et délits.

Un premier crime ne suppose pas toujours nécessairement l'entière dépravation de celui qui s'en est rendu coupable; mais la récidive annonce des habitudes vicieuses et un fond de perversité, ou au moins de faiblesse, non moins dangereuse pour le corps social que la perversité.

Un second crime doit donc être réprimé avec plus de sévérité que le premier.

L'Assemblée constituante n'a établi contre le second crime que la peine prononcée par la loi, sans distinction de la récidive; mais elle a voulu qu'après la peine subie les condamnés pour récidive fussent déportés; disposition qui ne nous paraît pas conforme aux règles d'une justice exacte, puisqu'elle ne fait aucune différence entre celui dont le second crime entraîne la peine de la réclusion et celui dont le second crime emporte la peine de vingt-quatre années de fers, la plus grave du Code de 1791 après celle de mort.

Il nous a paru convenable de chercher une autre règle plus compatible avec les proportions qui doivent exister entre les peines et les crimes; elle se présente naturellement : c'est d'appliquer au crime, en cas de récidive, la peine immédiatement supérieure à celle qui devrait être infligée au coupable, s'il était condamné pour la première fois.

Ainsi, si le second crime emporte la peine de la dégradation civique, le coupable sera puni de celle du carcan; si le second crime emporte la peine du carcan ou celle du bannissement, le coupable sera condamné à celle de la réclusion; il sera condamné à la peine des travaux forcés à temps, si le second crime emporte la peine de la réclusion; à la peine des travaux forcés à perpétuité, si le second crime emporte celle des travaux forcés à temps ou de la déportation; et enfin il sera condamné à la mort, si le second crime emporte la peine des travaux forcés à perpétuité.

Lorsque le condamné pour un crime n'aura commis depuis, qu'un délit de nature à être puni correctionnellement, il sera toujours condamné, dans ce cas, au *maximum* des peines correctionnelles, et même la condamnation pourra s'élever jusqu'au double, c'est-à-dire, jusqu'à dix ans.

Vous connaissez actuellement, Messieurs, toutes les bases sur lesquelles s'est élevé le nouveau Code : nous le proposons avec confiance; l'adoption que vous en ferez complettera notre législation criminelle.

Le Code d'Instruction que vous avez sanctionné dans l'avant-dernière session, garantit que les méchans seront poursuivis, atteints et punis. Le Code pénal garantira les proportions qui doivent exister entre les peines et les crimes ou les délits.

Nous n'avons jamais perdu de vue le but que nous devions atteindre, celui de concilier la sûreté publique qui réclame des peines répressives, et le vœu de l'humanité qui repousse toute rigueur qui n'est pas nécessaire.

J'ose dire que cet ouvrage porte l'empreinte de la sagesse profonde qui caractérise tous les Codes que Sa Majesté a donnés à la nation : le Code pénal méritera aussi la reconnaissance du peuple français, l'hommage des contemporains et le respect de la postérité.

MOTIFS du Livre II, Chapitre unique, présenté au
Corps législatif par M. le Chevalier FAURE et
MM. les Comtes BERLIER et PORTALIS,
Conseillers d'Etat.

Séance du 5 Février 1810.

MESSIEURS,

Vous avez entendu, dans la dernière séance, l'exposé du système
pénal qui forme la base du nouveau Code des délits et des peines.
Tel est l'objet du Livre premier.
Sa Majesté nous a chargés de vous présenter aujourd'hui le second
Livre, qui contient plusieurs dispositions générales, destinées à faciliter l'application des cas particuliers, et à prévenir un grand nombre
de difficultés qu'ils pourraient faire naître.
Cette partie regarde spécialement les complices et les personnes
excusables ou responsables pour crimes ou délits.
Le Code pénal de 1791 ne parle que des complices de crime; la loi
rendue dans le cours de la même année sur les délits de police correctionnelle, est muette à l'égard de la complicité. L'usage, autorisé par
la raison, a rendu communes à cette dernière loi les règles établies
par la première.
Comme le Code actuel ne s'occupe pas seulement de la répression
des crimes, et que celle des délits est également l'objet de sa prévoyance, ses dispositions sur les complices s'appliquent aux uns et
aux autres; les expressions mêmes du Code ne permettraient pas
d'éle er le plus léger doute sur ce point.
Le Code établit d'abord pour règle générale que le complice d'un
crime ou délit sera puni de la même peine que celui qui en est l'auteur. Cependant, comme cette règle est susceptible de quelques exceptions, quoique très-rares, le Code permet ces exceptions, pourvu
qu'elles soient le résultat d'une disposition de la loi: elles trouveront
leur place naturelle dans les articles relatifs aux cas pour lesquels elles
seront jugées nécessaires.
La définition donnée par le Code, de ce qui constitue la complicité, est à peu près la même que celle de la loi de 1791; elle s'applique
à toute personne convaincue d'avoir préparé ou facilité l'action par
des moyens qu'elle savait devoir y servir,

Provocations faites, instructions données, armes fournies ; peu importe le moyen. C'est d'après le même esprit que le Code ajoute une disposition qui n'était point dans la loi de 1791 : il veut que ceux-là soient déclarés complices, et punis comme tels, qui, connaissant la conduite criminelle des malfaiteurs, les logeront habituellement chez eux, ou souffriront qu'ils s'y réunissent habituellement ; car, dès qu'ils n'ignorent pas que ces hommes ne vivent que de crimes, ils ne peuvent se dissimuler que la retraite qu'ils leur donnent, est un moyen de faciliter l'exécution de leurs desseins criminels. La même observation s'applique aux recéleurs d'objets volés.

Nous remarquerons une distinction établie par le nouveau Code, et réclamée depuis long-temps par l'expérience. Lorsque le vol ne donne lieu qu'à des peines temporaires, il faut, quelque rigoureuses qu'elles soient, que le recéleur subisse la même peine ; il s'est soumis à ce risque, dès qu'il a bien voulu recevoir une chose qu'il savait provenir d'un vol. Mais, lorsque le crime est accompagné de circonstances si graves qu'elles entraînent la peine de mort ou toute autre peine perpétuelle, on peut croire que, si au temps du recélé ces circonstances eussent été connues du recéleur, il eût mieux aimé ne pas recevoir l'objet volé que de s'en charger avec un si grand risque ; il convient donc, en pareil cas, pour condamner le recéleur à la même peine que l'auteur du crime, qu'il y ait certitude qu'en recevant la chose il connaissait toute la gravité du crime dont elle était le fruit. A défaut de cette certitude, la sévérité de la loi doit se borner à prononcer contre lui la peine la plus forte parmi les peines temporaires : c'est ce que décide le nouveau Code. L'absence d'une distinction si sage a souvent été cause que des recéleurs sont restés impunis. On a déclaré des recéleurs non convaincus de complicité, pour ne pas leur faire subir une peine dont l'excessive rigueur paraissait injuste.

Une autre règle, commune à tous les prévenus, soit du fait principal, soit de complicité, est qu'on ne peut déclarer coupable celui qui était en état de démence au temps de l'action, ou qui, malgré la plus vive résistance, n'a pu se dispenser de céder à la force. Tout crime ou délit se compose du fait et de l'intention : or, dans les deux cas dont nous venons de parler, aucune intention criminelle ne peut avoir existé de la part des prévenus, puisque l'un ne jouissait pas de ses qualités morales, et qu'à l'égard de l'autre, la contrainte seule a dirigé l'emploi de ses forces physiques.

Après cette disposition, le Code rappelle que nulle excuse ne peut être admise, à moins que la loi même ne déclare le fait excusable. Ce principe est déjà consacré par l'article 339 du Code d'instruction criminelle.

Il ajoute que nulle peine ne peut être mitigée, excepté dans les cas où la loi l'autorise formellement.

Ces deux dispositions ont pour but de prévenir l'arbitraire qui substitue les passions toujours mobiles et souvent aveugles de l'homme à la volonté ferme et constante de la loi.

Le Code détermine ensuite l'influence de l'âge des condamnés sur la nature et la durée des peines.

Il s'occupe d'abord de celui qui, au moment de l'action, n'avait pas encore seize ans. On se rappelle que l'article 340 du Code d'Instruction criminelle a décidé qu'à l'égard de l'accusé qui se trouverait dans cette classe, la question de savoir s'il a commis l'action avec discernement serait examinée. Les dispositions actuelles règlent ce qui doit être ordonné d'après le résultat de l'examen. Si la décision est négative, l'accusé doit nécessairement être acquitté; car il serait contradictoire de le déclarer coupable d'un crime, et de dire en même temps que ce dont il est accusé a été fait par lui sans discernement. Les juges prononceront donc qu'il est acquitté; mais ils ne pourront pas le faire rentrer dans la société, sans pourvoir à ce que quelqu'un ait les regards fixés sur sa conduite: ils auront l'option de le rendre à ses parens, s'ils ont en eux assez de confiance, ou de le tenir renfermé durant un espace de temps qu'ils détermineront. Cette détention ne sera point une peine, mais un moyen de suppléer à la correction domestique, lorsque les circonstances ne permettront pas de la confier à sa famille.

Sa plus longue durée n'excèdera jamais l'époque où la personne sera parvenue à l'âge de vingt ans accomplis: ces limites laissent un intervalle suffisant pour que les juges puissent proportionner la précaution au besoin. Mais si la décision porte que l'action a été commise avec discernement, il ne s'agit plus de correction; c'est une peine qui doit être prononcée: seulement ce ne sera ni une peine afflictive ni une peine infamante. La loi suppose que le coupable, quoique sachant bien qu'il faisait mal, n'était pas encore en état de sentir toute l'étendue de la faute qu'il commettait, ni de concevoir toute la rigueur de la peine qu'il allait encourir. Elle ne veut point le flétrir, dans l'espoir qu'il pourra devenir un citoyen utile; elle commue, en sa faveur, les peines afflictives en peines de police correctionnelle; elle ne le soumet point à l'exposition aux regards du peuple; enfin, elle consent, par égard pour son jeune âge, à le traiter avec indulgence, et elle ose se confier à ses remords.

Quant à la proportion établie pour la durée de ces peines, relativement à celles qu'eût subies le condamné, s'il avait eu plus de seize ans, nous nous abstiendrons d'entrer dans des détails qui seront suffisamment connus par la lecture des articles: ils sont d'ailleurs conformes à la loi de 1791.

Après avoir parlé de l'indulgence de la loi pour un âge où l'inexpérience atténue la faute, nous allons faire connaître son humanité pour une autre époque de la vie où les forces du corps sont présumées n'être plus capables de supporter une peine très-rigoureuse. Le Code fixe cette époque à soixante-dix ans. Celui qui sera parvenu à cet âge, au moment de son jugement, ne sera condamné ni aux travaux forcés à perpétuité, ni à la déportation, ni même aux travaux forcés à temps ; les juges prononceront contre lui la réclusion pour le temps qu'eût duré la peine qu'il aurait subie, s'il n'eût pas été septuagénaire : lorsqu'il n'atteindra les soixante-dix ans que depuis sa condamnation, la peine de réclusion doit remplacer aussi celle à laquelle il avait été condamné, et il subira cette nouvelle peine jusqu'à l'expiration du temps que portait le jugement.

On observera cependant que le dernier cas regarde seulement les condamnés aux travaux forcés à perpétuité ou à temps. Quant à celui contre qui la déportation a été prononcée, il est facile de sentir que, lorsqu'il ne devient septuagénaire qu'après avoir été transporté hors du territoire continental de l'Empire, et s'être fixé dans le lieu déterminé par le Gouvernement, sa nouvelle situation rend moins desirable pour lui cette commutation de peine, et qu'il ne trouverait pas assez d'avantage dans un retour dont l'unique effet serait une réclusion perpétuelle.

En rapprochant le mode proposé de celui qu'adopta l'Assemblée constituante, on apperçoit plusieurs différences. Suivant la loi de 1791, il faut, pour que le sort du septuagénaire soit adouci, qu'il ait atteint l'âge de soixante-quinze ans ; alors la durée de la peine est réduite à cinq années : la commutation n'est donc que pour la durée ; il ne s'en opère aucune dans la nature du châtiment. Si le crime emporte les fers, le coupable doit subir cette peine, quel que soit son âge, sauf la réduction du temps.

Pour nous, Messieurs, nous avons pensé qu'il serait plus convenable de ne rien changer à la durée de la peine, mais d'y substituer la réclusion comme mieux appropriée à l'état d'un vieillard. Les travaux forcés seraient trop rigoureux pour la plupart des septuagénaires : il n'en est pas ainsi de la réclusion ; et comme le but de la loi ne peut être de faire rentrer dans la société le coupable qui a soixante-dix ans, plutôt qu'un autre coupable moins âgé, comme il s'agit uniquement d'empêcher qu'il ne succombe par l'effet de travaux et de fatigues excessives, on a donné la préférence au mode proposé.

Il nous reste à parler d'une espèce de responsabilité qu'il appartenait au Code pénal de consacrer dans ses dispositions ; c'est celle des aubergistes et hôteliers qui n'auront pas inscrit sur leurs registres le nom, la profession et le domicile des personnes qu'ils ont logées.

Si ces personnes ont, pendant leur séjour, commis un crime ou délit, ils seront responsables de tout dommages qui en sera résulté. Ils devront s'imputer d'avoir négligé de prendre ces précautions salutaires qu'une sage police a prescrites dans tous les temps. On ne doit pas perdre de vue qu'ils ne seront soumis à cette responsabilité, que lorsque le coupable qu'ils ont reçu dans leur maison y aura passé plus de vingt-quatre heures. Il eût été trop rigoureux, et même injuste, de leur appliquer la peine, quelque courte qu'eût été la durée de son séjour. Lorsqu'un voyageur ne s'arrête que pendant quelques heures dans une hôtellerie, et disparaît pour faire place à d'autres qui n'y restent pas plus long-temps, il serait le plus souvent impossible de remplir à l'égard du premier, comme à l'égard de ceux qui lui succèdent, toutes les formalités exigées par la loi. L'hôtelier ne doit répondre que de celui qu'il a été à portée de voir ; mais il est inexcusable de ne s'être pas mis en règle, lorsque la personne qu'il a logée, n'a quitté sa maison qu'après les vingt-quatre heures.

Cette responsabilité est ajoutée aux différentes espèces prévues par le Code Napoléon. Nous nous contenterons de rappeler l'article 1384 de ce Code, qui porte qu'on est responsable, non seulement du dommage que l'on cause par son propre fait, mais encore de celui qui est causé par le fait des personnes dont on doit répondre, ou des choses que l'on a sous sa garde. Les cas spécifiés dans ce même article et dans les articles suivans, serviront d'appendice à cette partie du Code pénal.

Tels sont, Messieurs, les motifs sur lesquels repose le projet de loi soumis à votre sanction. Vous trouverez sans doute que les améliorations qu'il contient sont une nouvelle preuve des soins constans que Sa Majesté apporte à tout ce qui peut contribuer au perfectionnement des lois.

MOTIFS *du Livre III, Titre I, Chapitres I et II, présenté au Corps législatif par MM. les Comtes* BERLIER, CORSINI *et* PELET, *Conseillers d'Etat.*

Séance du 5 Février 1810,

MESSIEURS,

La nature des peines instituées par le nouveau projet de Code vous est déjà connue.

Il s'agit aujourd'hui d'en faire l'application aux diverses espèces de crimes et délits qui affligent la société, et de commencer la nombreuse et triste nomenclature des actes qui portent ce caractère.

Ce tableau sera long, bien qu'il ne doive pas embrasser d'une manière générale et absolue tout ce qui est nuisible ou funeste. Ainsi, vous n'y verrez point figurer beaucoup d'actes qui, simplement contraires à la bonne foi ou à la délicatesse, peuvent être quelquefois réprimés par la seule voie civile; vous n'y verrez pas non plus retracer les trop nombreux générateurs des crimes, je veux dire les vices, redoutables fléaux qui échappent à l'empire des lois pénales, et dont il n'appartient qu'à d'autres institutions de prévenir ou de diminuer les ravages.

En ne traitant ici que *des crimes et délits*, et de leur punition, le sujet est vaste encore et n'a que trop d'étendue.

Il n'y a sur ce point que bien peu de lumières à puiser dans les anciens usages de la monarchie. Qu'était-ce, en effet, que notre législation pénale jusqu'à l'époque où une assemblée mémorable vint poser, sur cet important objet, des règles qui, reçues alors avec enthousiasme, doivent encore aujourd'hui être méditées avec respect, parce qu'elles émanaient de vues très-pures et de principes généralement vrais.

Toutefois, malgré les lumières de cette assemblée, il était difficile qu'un si grand ouvrage atteignît, dès le début, toute la perfection dont il était susceptible.

Aussi le Code pénal de 1791 a-t-il déjà éprouvé d'assez importantes modifications.

L'on entreprend aujourd'hui de l'améliorer encore, et l'auguste Chef de l'Empire qui a porté son active sollicitude sur les autres parties de la législation, ne pouvait refuser à celle-ci ce vigilant et sage intérêt par lequel son règne sera illustré autant que par ses victoires.

Dans les détails qui vont, Messieurs, passer sous vos yeux, l'on n'a pas oublié que des lois qui statuent sur tout ce que les hommes ont de plus cher, la vie et l'honneur, ne doivent effrayer que les pervers; but qui serait manqué, si elles imprimaient trop légèrement le caractère de crime à des actes qui ne sont pas essentiellement criminels.

L'on a soigneusement cherché à établir de justes proportions entre les peines et les délits.

L'on a enfin mis une extrême attention à n'omettre aucuns délits et à les bien préciser; car dans une société bien organisée, où les hommes sont placés sous l'égide de la loi, de telle sorte que nul ne peut être puni que des peines et pour les délits qui y sont exprimés, une juste inquiétude naîtrait dans l'ame de tous, si un seul pouvait être poursuivi criminellement pour des faits auxquels la loi n'aurait pas attaché ce caractère par une disposition formelle et non équivoque.

3

Ces idées fondamentales sont des guides dont on ne saurait, dans le travail qui nous occupe, s'écarter un seul instant.

Que dirais-je du plan et de la distribution des matières ? Deux grandes divisions s'y présentent; d'abord, *les crimes et délits contre la chose publique;* ensuite, *les crimes et délits contre les particuliers.*

Il eût sans doute été facile de multiplier les classes principales: un traité récent et estimé (1) donne un frappant exemple du vaste champ que la seule division des matières ouvrait aux combinaisons du législateur; mais s'il y a quelque fruit à recueillir de ces profondes méditations des jurisconsultes et des publicistes, c'est en les rattachant à la loi par des points imperceptibles. La métaphysique et la législation ont des formes et un langage différens.

Loin donc de multiplier les cadres principaux, le projet de loi resserre même ceux qui existent aujourd'hui.

Ainsi, dans l'état présent de notre législation, les crimes, d'une part, et les délits, de l'autre, sont classés séparément et placés même dans deux Codes distincts.

Au premier aspect, cette division séduit et paraît utile, parce qu'elle s'applique à des faits qui n'ont pas la même gravité, et à des peines qui ne sont pas du même ordre.

Cependant, les avantages de cette division ne sont qu'éphémères, et ses inconvéniens sont réels; car tel délit de police correctionnelle peut, avec une circonstance de plus, s'élever à la qualité de crime, et tel crime peut, avec une circonstance de moins, n'être plus qu'un délit.

Un fait parfaitement identique, s'il est considéré sans acception de personnes, peut changer de classe selon, par exemple, qu'il a été commis par un fonctionnaire public ou par un simple particulier, ou suivant qu'il l'a été contre les ministres de la loi ou contre d'autres personnes.

Dans cette position, il a semblé convenable de ne point diviser en plusieurs tableaux les crimes et délits qui s'appliquent à des faits de même cathégorie, quoique d'une intensité différente : pourquoi le même titre n'embrasserait-il pas le faux commis dans un testament, comme celui commis dans un passeport ? Ce qui est important et juste, c'est qu'un délit ne soit pas puni aussi sévèrement qu'un crime; mais ce qui est utile aussi, c'est que l'on puisse embrasser du même coup d'œil tous les crimes et délits qui s'appliquent à la même cathégorie de faits.

Unir ce qui a de tels rapports, ce n'est point confondre, et la confusion ou du moins l'embarras commencerait bien plutôt là où il faudrait, sur des questions analogues, recourir à des règles éparses.

(1) Traité de Législation , par Jérémie Bentham.

Le nouveau projet de Code traitera donc à la fois des *crimes et délits* sur chaque matière, et des peines qui leur sont applicables.

Au surplus, si dans le langage ordinaire le mot *délit* a une double acception, et est pris tantôt pour le genre tantôt pour l'espèce, il n'aura dans notre classification que cette dernière acception, et ne s'appliquera qu'à des infractions de moindre gravité que les crimes.

Le nouveau projet divise donc les crimes et délits en deux classes principales, les uns *contre la chose publique* et les autres *contre les particuliers :* vaste division à laquelle viennent nécessairement aboutir toutes les infractions que l'imagination peut embrasser.

C'est en partant du même point que les lois romaines s'étaient bornées à la distinction des délits *publics*, pour lesquels le droit d'accusation était accordé à tout citoyen, et des délits *privés*, dont la réparation ne pouvait être poursuivie que par les parties lésées.

Si le droit d'accusation est chez nous soumis à d'autres règles, et si notre classification des crimes et délits diffère beaucoup dans les détails avec la classification romaine, la division principale en crime et délits *publics* et *privés*, ou, ce qui est la même chose, en crimes et délits *contre la chose publique* et *contre les particuliers*, n'en a semblé ni moins juste ni moins utile ; non, sans doute, qu'il n'existe entre l'Etat et ses membres une connexion intime et telle que les membres de l'association souffrent quand le corps de l'Etat est attaqué, et réciproquement : à Dieu ne plaise que la division proposée porte jamais à oublier ou méconnaître un principe d'une si haute utilité ; mais il est pourtant dans la nature des choses que l'atteinte directe regarde principalement, quelquefois la chose publique, quelquefois les particuliers, et cette définition a pu être prise pour base première de la division des crimes et délits.

La loi qui vous est aujourd'hui proposée, Messieurs, et celle qui la suivra immédiatement, ne traitent que des crimes ou délits *contre la chose publique.*

Ces crimes ou délits sont sous-divisés en trois espèces : ceux *contre la sûreté de l'Etat*, ceux *contre les contitutions de l'Empire*, et ceux *contre la paix publique.*

Les crimes ou délits contre la sûreté de l'Etat sont eux-mêmes de deux sortes : ils attaquent la sûreté *extérieure*, ou compromettent la sûreté *intérieure.*

Sous l'un comme sous l'autre rapport, ils sont d'une extrême gravité : l'on va néanmoins, pour obtenir plus de clarté, retracer séparément les dispositions relatives à chacune de ces espèces, en commençant par les crimes ou délits dirigés contre la *sûreté extérieure de l'État.*

C'est ici que figureront ces Français dénaturés qui portent les armes contre leur patrie, qui entretiennent des intelligences avec l'ennemi, qui recèlent ses espions, ou qui lui livrent soit des plans soit le secret d'une négociation.

De si grands crimes n'admettent d'autre peine que la mort; peine terrible que le législateur n'inflige qu'avec regret, mais qui, selon les expressions de Montesquieu (1), est *comme le remède de la société malade.*

Toutefois, il convenait de bien caractériser les intelligences criminelles, pour qu'elles ne fussent point confondues avec des correspondances imprudentes.

Il convenait aussi de tracer une ligne de démarcation entre les communications données par les dépositaires eux-mêmes ou par d'autres personnes.

C'est ce qui a été fait, en punissant toujours, mais en punissant moins ceux qui sont coupables à un moindre degré.

Ceux qui, par des actions hostiles ou des actes non approuvés par le Gouvernement, exposent l'État à une déclaration de guerre, compromettent sans doute la sûreté extérieure.

La loi les proclamera donc coupables, bien que nul soupçon d'intelligence avec l'ennemi ne plane sur eux; mais, comme relativement à leurs actes, il n'est pas d'élémens susceptibles d'indiquer jusqu'à quel point les conséquences pouvaient en être connues de leurs auteurs, ceux-ci ne seront pas punis de la peine capitale, mais déportés ou bannis, selon les suites plus ou moins graves qu'auront eues leurs téméraires démarches.

En suivant l'ordre du projet, je dois maintenant vous entretenir des peines infligées aux crimes dirigés contre *la sûreté intérieure de l'État.*

Au premier rang de ces crimes, est celui de *lèse-majesté.* L'on a l ng-temps abusé de ce mot: plusieurs lois des Empereurs romains déclaraient sacriléges ou coupables de lèse - majesté, ceux qui avaient osé douter du mérite des personnes appelées par le prince à quelque emploi (2), ceux qui attentaient contre les ministres ou officiers du prince (3), et même les fabricateurs de fausse monnaie (4).

L'on admit aussi le crime de lèse-majesté divine, et l'on distin-

(1) Esprit des lois, liv. XIII, chap. 4.
(2) ..... *Dubitare an is dignus sit quem elegerit Imperator*, Leg. 5, C. de Crim. sacril.
(3) ..... *Nam et ipsa pars corporis nostri sunt.* Leg. 5, C. ad leg. Jul. majest.
(4) ..... *Majestatis crimen committunt.* Leg. 2. C. de falsâ Monetâ.

gua le crime de lèse - majesté proprement dit en plusieurs espèces ;
il fut , selon les circonstances , qualifié au premier ou au deuxième
chef.

Cette législation diminuait , par de fausses applications , l'horreur que doit inspirer le crime de lèse-majesté.

Ce crime est , par notre projet , réduit à des termes simples :
celui-là seul en est coupable , qui a eu part à un *attentat ou complot
dirigé contre la personne ou la vie de l'Empereur ;* et comme ce
crime ainsi qualifié est le plus énorme de tous , il sera puni de
la peine réservée au parricide , c'est-à-dire , de la seule qui soumette
le coupable à quelques mutilations avant qu'il reçoive la mort.

Si l'attentat ou le complot est dirigé , non contre la personne
ou la vie du Prince , mais contre l'autorité impériale ou contre
les membres de la famille régnante , un tel crime , quelle que
soit sa gravité , ne sera point assimilé au parricide ; mais il n'entraînera pas moins la peine capitale , bien due , sans doute , à un
forfait qui répand une si grande alarme dans la société.

Au surplus , ces mots mêmes , *attentat* et *complot* , avaient - ils
un sens assez déterminé pour qu'il ne fût pas utile de les définir ?
Si les définitions ne conviennent point aux faits dont le caractère
est vulgairement fixé , et si alors elles sont plus dangereuses qu'utiles ,
il n'en est pas ainsi quand il s'agit d'imprimer un caractère spécial
de crime à des projets qui , s'ils s'appliquaient à des délits ordinaires , seraient toujours odieux , mais ne seraient point alors considérés comme le délit même.

Deux hommes ont-ils le dessein de voler leur voisin , cette horrible et funeste pensée ne sera pourtant pas réprimée comme le
vol , si elle n'a été suivie d'aucun commencement d'exécution ;
mais dans les crimes d'Etat , le complot formé est assimilé à l'attentat et au crime même.

Ainsi , dans cette matière , le crime commence et existe déjà
dans la seule résolution d'agir , arrêtée entre plusieurs coopéra-
teurs : le suprême intérêt de l'Etat ne permet pas d'attendre et
de ne considérer comme criminels que ceux qui ont déjà agi.

La simple proposition non agréée de former un complot est
punissable elle-même , mais à un moindre degré ; car , bien qu'il
n'ait manqué à celui qui a fait la proposition , que de trouver
des gens qui voulussent s'associer à ses desseins criminels , cependant le danger et l'alarme n'ont pas été portés au même point
que si le complot eût réellement existé.

Hors la classe des attentats ou complots dirigés d'une manière
spéciale contre le Chef de l'Etat , sa famille ou son autorité , il
est d'autres crimes qui compromettent encore la sûreté intérieure.

Ici se présentent les complots tendans à exciter la guerre civile , le massacre ou le pillage, soit des propriétés publiques, soit de celles qui appartiendraient à une généralité de citoyens; les enrôlemens illicites; la rétention illégale du commandement de la force publique; l'emploi de cette force contre la levée des gens de guerre; la destruction des ports, arsenaux et autres établissemens de cette espèces; crimes qui sont tous bien dignes du dernier supplice.

Mais, quand quelques-uns de ces crimes ou d'autres de même nature seront commis ou tentés par des bandes séditieuses, il faudra infliger les peines avec la juste circonspection que commandent des affaires aussi complexes.

Dans cette multitude de coupables, tous ne le sont pas au même degré; et l'humanité gémirait, si la peine capitale était indistinctement appliquée à tous, hors les cas où la sédition serait dirigée contre la personne ou l'autorité du Prince, ou aurait pour objet quelques crimes approchant de cette gravité.

Les chefs et directeurs de ces bandes, toujours plus influens et plus coupables, ne sauraient être trop punis : en déportant les autres individus saisis sur les lieux, on satisfera aux besoins de la société sans alarmer l'humanité.

L'on pourra même user d'une plus grande indulgence envers ceux qui n'auront été arrêtés que depuis, hors des lieux de la réunion séditieuse, sans résistance et sans armes.

La peine de la sédition sera, sans inconvéniens, remise à ceux qui se seront retirés au premier avertissement de l'autorité publique; ici la politique s'allie à la justice; car s'il convient de punir les séditieux, il n'importe pas moins de dissoudre les séditions.

Nous venons, Messieurs, de fixer votre attention sur les principales dispositions ayant trait aux crimes et complots qui attaquent la sûreté de l'Etat; mais comment, en cette matière, traitera-t-on les provocateurs?

Quelque grave que soit la peine que le projet leur destine, puisqu'il les considère comme complices; quand la provocation a été suivie d'effet, ce n'est point sans doute ce qui peut alarmer, si d'ailleurs la provocation est bien caractérisée : or, elle ne pourra résulter que de discours tenus en lieux ou réunions publics ou d'écrits placardés ou imprimés.

A ces premiers caractères, il faut en ajouter un autre; la provocation devra être directe.

Ainsi, quelques vœux insensés ou quelques rêves criminels, couchés sur un papier manuscrit et non colporté, ne constitueront pas la provocation que la loi assimile au crime même; et s'ils sont découverts et de nature à appeler la surveillance de l'autorité publique, ce sera sans excéder les bornes posées par une sage

prévoyance. Un gouvernement fort et juste ne relèvera ni l'écha-
faud de *Sidney* , ni celui de ce malheureux Siracusain qui , ayant
rêvé qu'il avait tué *Denis* le tyran , fut condamné à mort , parce
que ses juges trouvèrent dans son rêve même la preuve qu'il
s'était occupé de cet objet pendant ses veilles : une telle extension
du droit de punir est trop loin de nos mœurs et de la justice.

Parmi les peines qui seront infligées à certains crimes d'Etat ,
je n'ai point nommé encore *la confiscation* qui , en cette matière ,
suivra ordinairement la peine de mort.

La confiscation ! Ce mot qui laisse de si tristes souvenirs , sera ,
dans son application actuelle , facile à justifier.

Il ne s'agit point , comme on vous l'a déjà annoncé , de faire
revivre ce système de confiscation qui , s'appliquant à une foule
de délits communs , semblait n'exister que pour l'avantage du fisc
ou des seigneurs haut-justiciers.

C'est avec raison , sans doute , que de graves écrivains ont
censuré ce déplorable usage ; ils s'étonnaient justement que la
législation punît les enfans du crime de leurs pères , et que le fisc
s'enrichît du malheur des familles (1).

De si puissantes considérations ne pouvaient manquer de par-
tisans dans le conseil d'un prince qui , lui-même , y rappellerait
les idées libérales , si elles cessaient d'y régner : mais , odieuse ,
lorsqu'elle s'étend à une multitude de délits communs , la confiscation n'est plus que juste , quand , restreinte , comme dans notre
Code , aux principaux crimes d'État et à la fabrication de la
fausse monnaie , et ne s'exerçant d'ailleurs qu'après de fortes et
nombreuses déductions au profit des familles , elle ne saurait
plus être considérée que comme une faible et très-insuffisante
représentation de l'indemnité due à l'Etat , pour le vaste et inap-
préciable dommage qu'il a souffert.

Observons d'ailleurs qu'en admettant , dans des cas peu nombreux et très-graves , la peine de confiscation qui eût pu recevoir
un autre nom , s'il s'en fût présenté un qui eût été jugé propre à
ce remplacement , le projet de loi se garde bien d'en étendre les
effets au delà des biens que le condamné possédait lors de sa
condamnation , et ne consacre point cette barbare fiction de la
corruption du sang , qui rend en Angleterre le fils d'un homme
frappé de confiscation , inhabile à succéder à son aïeul (2).

(1) Esprit des Lois , tome I , liv. V , chap. 11.
Beccaria , *Passim* , et Commentaires à la suite , § 2.
Jérémie Bentham , troisième partie , chap. 4.
Voyez aussi le parallèle du Code pénal de l'Angleterre avec les lois pénales de
France , par Bexon , chap. 19.
(2) Des lois de police et criminelles de l'Angleterre , ouvrage traduit de Blackstone
par Ludot , chap. 12.

Une telle disposition , évidemment dirigée contre les descendans du coupable, ne pouvait trouver place dans notre législation , et nous ne saurions admettre non plus cette loi romaine (1) qui vouait les enfans des criminels d'Etat à un tel degré d'abjection et de pauvreté, que la vie fut pour eux un supplice et la mort un bienfait : *Mors solatium et vita supplicium.* Leur condition est assez malheureuse pour ne point l'aggraver par un tel anathème : ah ! laissons leur plutôt l'espoir de recouvrer comme un bienfait du prince, ce qu'ils ont perdu par le crime de leurs pères. Cette expectative consolante pour eux deviendra aussi un moyen politique de les rattacher par la reconnaissance au Gouvernement de leur pays.

Je vous ai rendu compte, Messieurs, de la partie du projet qui regarde les crimes d'Etat, et fixe les peines qui leur sont applicables.

Mais ici se présente un nouveau sujet de discussion : en matière de complots ou crimes contre l'Etat, remettra-t-on la peine à ceux d'entre les coupables qui révéleront ce qu'ils savent, ou procureront l'arrestation de leurs complices ? infligera-t-on des peines à ceux qui, instruits d'un complot, même non approuvé par eux, ne l'auront point révélé ?

De ces deux questions, la première, quoique fort controversée dans les assemblées législatives qui ont précédé la constitution de l'an VIII, ne devait pas donner naissance à tant d'hésitation. Si les peines sont instituées dans l'intérêt de la société, comment le même intérêt ne porterait-il pas à en faire la remise, quand la révélation peut procurer de grands avantages à l'Etat, ou le soustraire à de grands dangers ?

La deuxième question offrait plus de difficulté.

Elle ne saurait être résolue par la loi que le sombre et farouche Louis XI porta contre ceux qui, sachant qu'il existait une conspiration, ne la dénonçaient pas.

L'application qui fut faite de cette loi, dans le procès du grand-écuyer *d'Effiat Cinq-Mars*, au malheureux *Augustin de Thou*, l'a depuis long-temps marquée d'un juste sceau de réprobation.

Tout le monde sait que, loin d'approuver le complot plus exactement tramé contre le cardinal de Richelieu que contre le roi Louis XIII, *de Thou* avait cherché lui-même à en dissuader le grand-écuyer : l'instruction en fournissait la preuve ; il n'y avait donc nulle complicité à lui imputer. Mais il avait eu connaissance du complot, et ne l'avait point révélé ; il fut, pour cette réticence, condamné à mort.

(1) *Leg. quisquis , 5. Cod. ad leg. Jul. majest.*

L'opinion

L'opinion publique, plus forte que les arrêts, s'est depuis long-temps prononcée contre cette terrible exécution ; mais qu'est-il arrivé ? que l'énormité de la peine appliquée, dans cette malheureuse circonstance, n'en a plus laissé apercevoir d'applicable : des hommes éclairés (1) ont même écrit qu'on ne pouvait obliger personne à devenir délateur, ni à s'exposer aux peines de la calomnie en révélant des complots dont on serait rarement en état de fournir la preuve.

Ne nous laissons point aveugler par le prestige des mots. Le délateur odieux est celui qui crée des complots imaginaires ; mais puisque notre législation invite partout les citoyens à faire connaître aux magistrats les délits et leurs auteurs, comment ne pour-rait-elle point le leur prescrire sous de certaines peines, relativement aux crimes qui attaquent la sûreté de l'Etat ? Si la patrie n'est pas un vain mot, ceci ne saurait être un vain devoir.

Mais si c'est un devoir, il faut le remplir, lors même qu'il en résulterait des embarras ou dangers personnels ; la loi d'ailleurs protégera toujours le révélateur véridique.

Qu'y a-t-il donc dans cette matière de sage et utile ? C'est qu'en introduisant une peine contre la non révélation des crimes d'Etat, elle ne soit point effrayante par son énormité. Par là, l'on servira mieux, non seulement l'autorité publique, mais encore l'humanité, que par un silence absolu sur cette espèce de délit ; car que pourrait-il arriver, surtout sous un Gouvernement qui serait faible et soupçonneux ? qu'au lieu de peines justes et modérées, il porterait dans son inquiétude des lois de colère, et irait peut-être jusqu'à frapper la non révélation de propos simplement indiscrets ou vagues, aussi bien que celle d'un complot réel.

Les peines qu'introduit le projet de Code au sujet de la non révélation, seront d'un ordre différent, selon que le complot non révélé regardera ou non la personne du Chef de l'Empire.

Au cas de l'affirmative seulement, il y aura lieu à une peine afflictive ; la réticence relative aux autres crimes d'Etat, ne sera punie que de peines de police correctionnelle.

Au surplus, le projet de loi a respecté les liens de la nature en n'imposant pas aux proches parens l'obligation qu'elle a tracée pour les autres citoyens. L'intérêt qu'a l'Etat de connaître et de prévenir les complots dirigés contre lui, ne le portera jamais à exiger d'un père qu'il lui livre son fils, ou d'un frère qu'il lui livre sa sœur.

Vous connaissez maintenant, Messieurs, les principales dispositions du Projet sur les crimes et délits contre la sûreté de l'Etat.

(1) Voyez notamment le Commentaire sur le livre des Délits et des Peines, § 15.

4

Ici va commencer l'examen d'une autre classe de crimes et délits, je veux dire, de ceux qui sont dirigés contre les constitutions de l'Empire.

C'est par ces constitutions que les citoyens jouissent de certains droits politiques dont l'exercice est une propriété sacrée.

Toutes personnes qui troublent ou empêchent cet exercice se rendent donc coupables; mais leur délit s'aggrave et peut même s'élever au rang des crimes, s'il est le résultat d'un plan concerté pour être en même temps exécuté dans divers lieux : dans ce dernier cas, l'ordre public plus grièvement blessé réclame aussi une plus sévère punition.

Cette espèce d'infraction sera rare sans doute, et si la loi a dû s'en occuper, elle n'a pas moins dû prévoir les délits plus communs peut-être qui auront lieu dans l'exercice même des droits dont il s'agit, et principalement dans les scrutins.

Il y a délit toutes les fois que le vœu des citoyens est dénaturé par des falsifications, soustractions ou additions de billets, et ces coupables manœuvres acquièrent un nouveau degré de gravité lorsqu'elles sont l'ouvrage des scrutateurs eux-mêmes; car il y a, dans ce cas, violation du dépôt et abus de confiance. Mais malgré tout ce qu'a d'odieux une telle infraction, l'on a dû craindre d'ouvrir une issue trop facile à de tardives et téméraires recherches pour des faits qui ne laissent plus de traces quand le scrutin est détruit et qu'on a terminé les opérations qui s'y rapportent.

Combien, dans cette matière surtout, les espérances trompées, les prétentions évanouies et l'amour-propre blessé ne feraient-ils pas naître d'accusations hasardées, s'il était permis de les recevoir après coup, et hors les cas où le coupable est surpris pour ainsi dire en flagrant délit.

Notre projet de loi, en s'occupant des délits commis dans l'exercice des droits civiques, ne pouvait rester muet sur la turpitude de ceux qui achètent ou vendent des suffrages.

Laissons aux Anglais le scandaleux privilége de briguer les suffrages de leurs concitoyens à prix d'argent et à force de dépenses; l'honneur français repousse un tel moyen, et la peine qu'encourront chez nous ceux qui achètent ou vendent des suffrages, est tracée par la nature même de leur délit : ils ont méconnu la dignité de leur caractère ; ils ont profané l'un de leurs plus beaux droits ; que l'exercice de ces droits leur soit donc retiré pendant un temps suffisant pour l'expiation d'un pacte honteux, et qu'il leur soit infligé une amende comme supplément de peine due à l'esprit de corruption et de vénalité qui les a conduits.

La loi qui pourvoit à ce que l'exercice des droits civiques ne soit ni entravé ni souillé, ne pouvait omettre de s'expliquer sur la garantie due constitutionnellement aussi à la liberté civile, sans laquelle tous les autres droits ne seraient eux-mêmes qu'un vain mot.

Protecteurs nés de cette liberté, les magistrats qui étant formellement requis de faire cesser ou de constater une détention illégale ou arbitraire, ne le font point, ne sont pas moins coupables que s'ils l'avaient ordonnée eux-mêmes.

L'ordre du fonctionnaire supérieur, donné à des fonctionnaires subordonnés pour effectuer une détention illégale, ne deviendra même pour ceux-ci un légitime sujet d'excuse qu'autant qu'il sera relatif à des objets pour lesquels il était dû obéissance hiérarchique, et dans ce cas la responsabilité pèsera toute entière sur le supérieur qui aura donné l'ordre.

Mais si cet ordre émanait d'un ministre même, comment la réparation en serait-elle poursuivie? Le sénatus-consulte du 28 floréal an XII a prévu cette infraction, et s'il n'en a point indiqué la peine, c'est un soin qu'il a évidemment laissé à la loi organique, et un devoir qu'il faut remplir en ce moment.

Quelque grave au surplus que paraisse d'abord cet objet à raison de l'élévation des personnes qu'il concerne, il ne peut résulter de la répression de tels actes aucun trouble pour la société; car d'une part, si la signature d'un ministre lui avait été surprise au milieu de ses nombreux travaux, il sera à l'abri de toutes poursuites en faisant cesser l'acte arbitraire et en dénonçant les auteurs de la surprise; et, d'un autre côté, quand cet acte serait réellement son ouvrage, le ministre ne sera pas immédiatement sujet aux poursuites des personnes qui se prétendraient lésées.

Le recours préalable à la commission sénatoriale, créée pour la protection de la liberté individuelle, et la nécessité d'en obtenir une décision, ne peuvent manquer d'obvier à tous les inconvéniens qui résulteraient d'une action brusque et rapide dirigée contre un si haut fonctionnaire.

Si la réclamation est mal fondée, la commission sénatoriale n'y aura aucun égard; mais si elle l'accueille, le ministre devra réparer le grief, sinon il se rendra évidemment coupable.

Sans doute, grâce à l'harmonie qui règne entre les grands pouvoirs politiques, nous ne serons pas témoins de pareils débats; mais s'ils devaient éclater jamais, il convient de leur donner dès à présent des règles qui vaudront d'autant mieux qu'elles auront été posées dans un temps plus calme.

Hors le cas de désobéissance qui vient d'être prévu et qui sera puni du bannissement, la peine de la dégradation civique est celle qui a paru généralement la plus convenable à la matière.

Ce sera donc celle que l'on proposera d'infliger et aux officiers de police judiciaire qui, au mépris des prérogatives constitution-

nelles de certains fonctionnaires, auraient concouru à les pour-
suivre sans les autorisations requises, et aux juges et officiers
publics qui auraient retenu ou fait retenir un individu hors des lieux
destinés à cet usage; car les lois ne veillent pas seulement pour la
liberté des citoyens, elles ne permettent pas de vexer ceux qui ont
mérité de la perdre.

A l'égard des gardiens et concierges qui auront reçu un prisonnier
sans mandat, ou auront refusé, soit de le représenter, soit d'exhiber
leurs registres aux magistrats chargés de cette surveillance, c'est une
peine autre que la dégradation civique qui convient à une telle classe
de coupables, et ils seront punis d'emprisonnement et d'amende.

Je viens de retracer les principales dispositions contenues dans
le projet de loi sur les atteintes portées à la liberté; je vais parler
d'une classe d'infractions qui n'appelle pas moins toute la sollicitude du Législateur : ce sont les *coalitions de Fonctionnaires.*

Ces coalitions, inquiétantes de leur nature, pourraient souvent
devenir funestes; elles sont toujours un mal, mais elles peuvent
varier d'intensité, selon l'objet qu'elles ont.

Si donc une peine de police correctionnelle a semblé suffisante
pour réprimer un simple concert de mesures contraires aux lois,
quand nulle circonstance plus grave n'y est jointe, une peine d'un
ordre plus élevé a paru nécessaire, quand ce concert est dirigé
contre l'exécution même des lois ou contre les ordres du Gouvernement.

Ce crime acquiert un nouveau degré d'intensité, quand la coalition a lieu entre des autorités civiles et des corps militaires.

Il devient énorme, quand il dégénère en complot contre la sûreté
de l'Etat.

Des peines graduées d'après ces idées obtiendront sans doute votre
assentiment.

Mais il ne suffisait pas d'atteindre les coalitions dirigées vers des
mesures actives; il est une espèce de coalition qui se présente au
premier aspect comme passive dans ses moyens d'exécution, et dont
les résultats troubleraient la société à un haut degré : ce sont les
démissions combinées, et dont l'objet ou l'effet serait d'empêcher ou
de suspendre la justice ou tout autre service public.

Des fonctionnaires qui répondraient aussi mal à la confiance du
Gouvernement et aux besoins de la cité, seront justement punis,
quand on leur enlevera par la dégradation civique des droits qu'ils
ont abdiqués de fait.

Il reste, Messieurs, une autre classe de crimes et délits contre les
constitutions de l'Empire.

C'est par ces constitutions qu'existent avec des pouvoirs distincts
et indépendans l'autorité judiciaire et l'autorité administrative : si

l'une empiète sur l'autre, l'ordre constitutionnel est troublé , et il ne l'est assurément pas moins lorsque l'une ou l'autre de ces autorités ose s'arroger la puissance législative.

Ainsi, ni les juges ni les administrateurs ne peuvent suppléer par des réglemens à des lois ou à des décrets.

Ils ne sauraient non plus, sans devenir coupables, délibérer sur la question de savoir si les lois seront, ou non , publiées : le temps est passé où les parlemens exerçaient cette prérogative; aujourd'hui cette prétention, contraire à toute l'économie de nos pouvoirs constitués, ne serait pas un simple blasphême politique, elle serait le renversement de tout le système constitutionnel.

Nos constitutions et l'ordre public s'opposent aussi à ce qu'un tribunal défende d'exécuter les ordres d'une administration , ou à ce qu'une administration intime des ordres ou défenses à un tribunal.

Il n'y aurait qu'anarchie dans un état où de pareilles prétentions seraient tolérées , et où chaque autorité se croirait en droit de se faire ainsi justice à elle-même; c'est à un pouvoir supérieur, à un régulateur commun qu'il faut recourir , en cas de dissentiment sur les attributions repectives , et tout juge ou administrateur qui franchit cette limite , devient coupable et encourt la dégradation civique.

Une amende réprimera suffisamment le délit des juges qui auraient procédé au jugement d'affaires revendiquées par l'autorité administrative , ou d'administrateurs qui , après une réclamation légale , auraient retenu la connaissance d'affaires du ressort des tribunaux : hors les cas où les juges ou administrateurs sont avertis par un conflit ou acte équivalent, leurs jugemens ou arrêtés, même incompétens, pourront être cassés; mais la loi ne punira point comme des délits ce qui peut n'être que des erreurs.

J'ai mis sous vos yeux, Messieurs, les principales dispositions du projet relatives aux deux premières classes *de crimes et délits contre la chose publique.*

Parmi ces crimes, vous avez pu en remarquer plusieurs qui sont hors du ressort des tribunaux ordinaires, et dont le jugement appartiendra soit à la haute cour soit à des tribunaux spéciaux ; mais notre projet, qui ne change rien aux règles générales ou particulières sur la compétence ou la procédure, aura atteint le seul but qu'il se proposait, si, avec les améliorations que lui ont procurés les judicieuses observations de votre commission, il est parvenu , quels que puissent être les magistrats chargés d'appliquer ses dispositions, à éclairer et alléger leur ministère, en traçant les délits avec clarté, et en graduant les peines avec sagesse.

MOTIFS *du Livre III , Titre I , Chapitre III , présenté au Corps législatif par MM.* les Comtes BERLIER, CORSINI *et* PELET *, Conseillers d'Etat.*

Séance du 6 Février 1810.

MESSIEURS,

Lorsque, dans votre dernière séance, nous vous avons entretenu des principales dispositions portées au nouveau projet de Code pénal sur les deux premières subdivisions *des Crimes et Délits dirigés contre la chose publique,* nous n'avons rempli qu'une partie de la tâche qui nous était imposée.

Pour compléter ce tableau, nous venons aujourd'hui mettre sous vos yeux la troisième subdivision, intitulée : *Des crimes et délits contre la paix publique.*

Ce texte est vaste, et il ne saurait être oiseux de bien déterminer son acception ; car, exactement et rigoureusement appréciés, il n'est aucuns crimes ni délits qui n'altèrent la tranquillité publique à un degré quelconque ; mais il en est pourtant, et même un grand nombre, qui lèsent plus spécialement le corps de l'Etat que les particuliers.

C'est à ce caractère que l'on s'est arrêté pour qualifier les crimes et délits contre la paix publique, et vous ne serez pas surpris, Messieurs, d'y voir figurer au premier rang *le crime de faux.*

Du faux. — Fausse monnaie.

L'on ne peut prononcer ce mot sans songer d'abord à la fausse monnaie, à cause de la gravité de ce crime et des alarmes qu'il répand dans la société.

Si l'Assemblée constituante réduisit aux fers la peine de ce crime, jusques-là puni de mort, l'on sait que cet essai philantropique ne fut point heureux ; et que peu après il fallut rétablir la peine capitale.

Notre projet a maintenu cette peine, et y assujétit également ceux qui contrefont ou altèrent les monnaies d'or et d'argent ayant cours légal dans l'Empire, et ceux qui les distribuent, exposent ou introduisent en France.

Cette disposition avait d'abord alarmé quelques esprits (1) qui auraient désiré qu'on établît une distinction entre le fabricateur et le distributeur; mais toute inquiétude à ce sujet était vaine, car, d'une part, le distributeur qui ignore le vice de la chose ne commet ni crime ni délit, et, d'un autre côté, ceux qui ont remis en circulation des pièces qu'ils savaient être fausses, mais qu'ils avaient reçues pour bonnes, ne seront punis que d'une amende, attendu que la loi doit compatir à leur position, et qu'elle ne voit en eux que des malheureux cherchant à rejeter sur la masse la perte dont ils étaient personnellement menacés.

Cela posé, qu'est-ce que peut être un distributeur ou introducteur qui connaît la fausseté des pièces, et n'a pas pour lui l'excuse de les avoir reçues pour bonnes? Qu'est-il, sinon le facteur volontaire, et conséquemment le complice du fabricateur? Il subira donc la même peine.

Mais cette peine si grave sera-t-elle appliquée à toute espèce de fausse monnaie, à celles de billon ou de cuivre, par exemple, et aux monnaies étrangères? La valeur exiguë des premières ne cause pas le même degré d'alarme, et la valeur purement commerciale des secondes en rend aussi la circulation moins dangereuse pour la multitude qui, le plus souvent, ne connaîtra point ces signes monétaires, et qui, d'ailleurs, ne sera pas tenue de les accepter: la peine capitale ne sera donc point appliquée à ces deux classes de faux, qui seront suffisamment punis par les travaux forcés.

Au surplus, le crime de fausse monnaie, sans être précisément de la cathégorie de ceux qui sont dirigés contre la sûreté de l'Etat, a plusieurs points de communs avec eux.

Vous ne serez donc point surpris, Messieurs, de voir appliquer à ce crime, et la remise de la peine en cas de révélation, et la peine de réticence, comme pour les crimes d'Etat. Le suprême intérêt qu'a la société d'écarter ou de faire cesser un tel fléau, rend cette application légitime et nécessaire.

Vous ne serez pas étonnés non plus d'y trouver la confiscation unie à la peine capitale: *Les pertes de l'Etat*, a dit un orateur, pour le cas que nous examinons (2), *peuvent être immenses; elles sont vagues et inappréciables: c'est alors qu'à titre de dommages et intérêts, il est juste et nécessaire qu'elles soient réparées par la confiscation générale des biens du condamné.*

C'est d'ailleurs notre législation actuelle, et une explication bien simple vient la justifier.

(1) Voyez les observations de quelques-unes des Cours consultées sur le projet de de Code pénal.

(2) Voyez le Discours préliminaire de M. Target, sur le Code, pag. 21 et 22.

Dans les crimes et délits ordinaires, où il n'y a que peu de parties lésées et où la mesure du dommage est connue ou susceptible de l'être, les réparations civiles suffisent à tout ce qui regarde l'intérêt privé; mais peut-il en être ainsi quand le dommage est disséminé sur des milliers de personnes; et si le fruit du crime devait, à défaut de parties civiles, passer nécessairement des mains du coupable à celles de ses enfans, ne serait-ce pas une espèce de prime accordée aux faux-monnayeurs sur tous les autres criminels.

En adoptant la confiscation pour ce cas, vous apercevrez aisément, Messieurs, qu'elle n'a point l'odieux objet de dépouiller les familles, mais pour but unique de ne les point gratifier des dépouilles d'autrui : la justice et l'intérêt de l'Etat réclamaient cette disposition.

Vous trouverez sans doute également juste et convenable que les mêmes règles et les mêmes peines soient applicables aux effets émis par le trésor public avec son timbre, et aux billets de banque qui ont tant d'affinité avec la monnaie même dont ils sont en quelque sorte le supplément et dont il remplissent l'office.

Contrefaction des sceaux, timbres, poinçons, etc.

Mais si la peine capitale convient à de tels crimes et peut être appliquée aussi à la contrefaction des sceaux de l'Etat, des peines inférieures devront être infligées à la contrefaction des autres sceaux, timbres, poinçons et marques, en graduant ces peines selon l'importance de la destination qu'avait l'instrument contrefait.

L'on a aussi distingué la fabrication d'un faux timbre d'avec le faux emploi d'un timbre vrai ; cette disposition manquait dans notre législation.

Faux en écritures.

Jusqu'ici, Messieurs, dans les diverses espèces de faux dont on vient de donner l'analyse, c'est l'Etat ou le corps social qui est principalement attaqué ou lésé : dans le faux appliqué aux écritures publiques ou privées, l'intérêt individuel joue un plus grand rôle, et peut-être eût-on pu renvoyer cette partie au chapitre *des crimes contre les particuliers*, s'il n'eût semblé nuisible de scinder cette matière.

Le faux en écritures est matériel quand il s'est opéré par fausses signatures, par altération ou intercallation d'écritures, par supposition de personnes; mais il est aussi une autre espèce de faux moins facile à caractériser, et qui a lieu quand un officier public écrit des conventions autres que celles qui lui ont été tracées ou dictées, et constate comme vrais des faits faux, ou comme avoués des faits qui ne l'étaient pas.

Toutefois

Toutefois il faut prendre garde de réputer crime ce qui ne serait qu'un malentendu ou une méprise; le rédacteur d'un acte peut mal saisir la volonté des parties, et pourtant n'être pas criminel : il ne le sera, aux termes du projet, que quand il aura *frauduleusement dénaturé la substance ou les circonstances de l'acte.* D'après ce caractère, il ne reste rien qui puisse alarmer l'innocence.

Le faux en écritures privées sera puni de la réclusion, et le faux en écritures publiques, des travaux forcés; mais dans cette dernière espèce de faux, si la peine n'est que temporaire à l'égard du simple particulier contrefacteur d'écritures authentiques, elle sera perpétuelle à l'égard de l'officier public qui commettrait ce crime; celui-ci est doublement coupable, il a trahi la foi due à son caractère.

Les faux commis en écritures de commerce et de banque ont mérité une mention spéciale sans laquelle ils eussent été confondus avec les faux en écritures privées; l'extrême faveur due au commerce a donné lieu d'assimiler ces faux à ceux commis en écritures publiques.

Faux commis dans les passeports, feuilles de route et certificats.

Mais il est une autre espèce de faux qui, dans le silence des lois, a souvent embarrassé les tribunaux; c'est le faux commis dans les passeports, feuilles de routes et certificats.

Sans doute ce serait blesser la justice que d'assimiler la contrefaction d'un passeport à celle d'une lettre de change, ou la fabrication d'un certificat de maladie à celle d'une obligation que l'on créerait à son profit sur un tiers.

Des peines de police correctionnelle suffiront ordinairement pour la répression des faux passeports, si ce n'est à l'égard des officiers publics qui auraient participé au faux; car ils sont plus criminels que de simples particuliers quand ils abusent ainsi du pouvoir qui leur a été confié.

Les mêmes vues ont semblé applicables aux fausses feuilles de route, mais en prenant de plus en considération la lésion que le trésor public aurait pu recevoir par le paiement de sommes non dues; car alors il y a vol joint au faux, et lieu d'appliquer des peines plus fortes.

A l'égard des certificats de maladie ou d'infirmités, fabriqués dans la vue d'affranchir quelqu'un d'un service public; ou s'il s'agit d'attestations d'indigence ou de bonne conduite, fabriquées pour procurer à celui qui y est désigné ou qui en est porteur, des secours, du crédit ou des places; un tel délit a semblé n'appeler que des peines de police correctionnelle : mais on a dû éviter de confondre avec des certificats de cette espèce ceux qui auraient eu pour objet de se faire

5

donner ou payer des sommes dues ou des effets appartenans à un tiers ; car en ce cas c'est la peine ordinaire du faux qui devra être infligée.

Dans les actes que l'on vient de désigner, il convenait de classer non seulement ceux qui étaient matériellement faux, mais encore ceux qui, originairement véritables, auraient été altérés pour servir à d'autres personnes.

Le projet prévoit et embrasse ces différentes espèces : il y a lieu d'espérer qu'elles seront plus efficacement réprimées par des dispositions mieux adaptées au caractère particulier de chacune d'elles.

Dispositions communes à toutes les espèces de faux.

Quelques dispositions communes à toutes les classes ou espèces de faux terminent cette partie du projet.

Ainsi, l'usage d'une pièce fausse étant partout puni comme sa fabrication même, il convenait de dissiper toutes les inquiétudes en exprimant que ce terrible anathème ne regarde que ceux qui ont eu connaissance du faux.

La marque, rarement applicable à des peines temporaires, sera pourtant infligée à tout faussaire condamné aux travaux forcés à temps, ou à la réclusion ; c'est l'état actuel de la législation, et il était difficile de le changer pour un crime qui inspire à la société de si vives alarmes, et dont les auteurs ne sauraient être trop signalés.

Enfin, dans tous les cas où le faux n'entraînera ni la peine capitale ni la confiscation générale, une amende sera jointe à la peine prononcée : *il est raisonnable, il est utile* (1) *que les crimes qui ont eu pour principe une vile cupidité, soient réprimés par des condamnations qui attaquent et affligent cette passion même par laquelle ils ont été inspirés.*

Vous connaissez maintenant, Messieurs, les principales dispositions relatives au faux : la peine du faux témoignage, sera placée au chapitre des crimes contre les particuliers.

Crimes et délits des fonctionnaires publics, dans leurs fonctions.

Parmi les crimes et délits qui compromettent le plus la paix publique, il était impossible de ne pas accorder aussi un rang principal à ceux que commettent les fonctionnaires publics dans l'exercice de leurs fonctions : l'ordre est manifestement troublé quand ceux que la loi a préposés pour le maintenir, sont les premiers à l'enfreindre.

Tout crime commis par un fonctionnaire dans l'exercice de ses

(1) Voyez le Discours de M. Target, pag. 21.

fonctions le constitue en forfaiture, et la dégradation civique est la moindre peine qui y soit attachée ; mais la peine peut s'élever selon la nature et l'intensité du crime.

Crime de soustraction.

Ainsi, la peine des travaux forcés à temps est infligée au fonctionnaire public qui détruit ou soustrait les actes ou titres dont il est dépositaire, et il a paru convenable d'appliquer aussi cette peine aux soustractions de deniers publics commises par les personnes chargées de leur perception.

Cependant l'on a cru devoir admettre une modification pour le cas où la somme soustraite serait si modique, qu'il deviendrait vraisemblable que le percepteur avait le dessein de s'en servir pendant quelque temps, plutôt que celui d'en fruster le trésor public.

Lors donc que le déficit sera moindre du tiers de la recette d'un mois, ou ne surpassera pas le montant du cautionnement fourni et qu'en même temps il sera inférieur à 3000 fr., un emprisonnement de deux à cinq ans a paru une peine suffisante envers d'imprudens percepteurs qui sont coupables sans doute, mais pourtant beaucoup moins que ceux qui seraient partis avec le dépôt tout entier.

Rejeter toute distinction dans cette conjoncture, selon quelques opinions sévères, et placer sur le même rang deux actes qui diffèrent dans leurs circonstances comme dans leurs résultats, ce n'eût pas été seulement blesser la justice, mais encore les vues saines d'une bonne administration.

Qu'arriverait-il en effet si un léger *déficit* et une soustraction totale étaient frappés de la même peine ? Ne serait-ce pas, dès que le dépôt serait entamé pour la plus légère partie, une invitation au percepteur de soustraire le tout, puisqu'il trouverait dans ce simple et funeste calcul de plus grands bénéfices, sans s'exposer à une plus grande peine ? Des dispositions pénales mal combinées seraient plus nuisibles qu'utiles à la société.

Crime de concussion.

Les concussions commises par les fonctionnaires publics ne pouvaient manquer d'appeler aussi l'attention du législateur.

Ce crime existe toutes les fois qu'un fonctionnaire exige ou reçoit ce qu'il sait ne lui être pas dû ou excéder ce qui lui est dû ; et l'on conçoit aisément que s'il importe de poser des barrières contre la cupidité, c'est surtout quand elle se trouve unie au pouvoir (1).

La peine de réclusion, toute grave qu'elle est, sera donc infligée

---

(1) *Lege Juliâ* 3, *ff. De Leg. Jul. repetundarum.*

au fonctionnaire coupable de concussion, et les simples commis ou préposés seront pour le même fait punis de peines correctionnelles.

Je n'ai pas besoin sans doute de justifier cette différence dans la peine, quoiqu'il s'agisse du même délit : investi d'un plus haut caractère, celui qui doit aux autres citoyens l'exemple d'une conduite pure et sans tache, est bien plus répréhensible quand il tombe en faute ; il doit donc être puni davantage, et cette idée, ainsi que ses applications, se reproduira souvent dans le cours de cette discussion.

Délits des fonctionnaires qui s'immiscent dans des affaires incompatibles avec leur qualité.

La position spéciale des fonctionnaires publics peut aussi et doit même, en plusieurs circonstances, leur faire interdire ce qui serait licite à d'autres personnes.

Ainsi, un fonctionnaire devient coupable lorsqu'il prend directement ou indirectement intérêt dans les adjudications, entreprises ou régies, dont sa place lui donne l'administration ou la surveillance. Que deviendrait en effet cette surveillance quand elle se trouverait en point de contact avec l'intérêt personnel du surveillant, et comment parviendrait-on, sans blesser l'honneur et la morale, à concilier ce double rôle de l'homme public et de l'homme privé ?

Tout fonctionnaire qui se sera souillé d'une telle turpitude sera donc justement puni d'emprisonnement, et déclaré indigne d'exercer désormais des fonctions dans lesquelles il se serait avili.

La sollicitude de la loi a pu et dû aussi embrasser dans ses dispositions, des défenses aux commandans militaires et aux chefs d'administrations civiles de s'immiscer dans le commerce des principaux comestibles, sous certaines peines de police correctionnelle.

Si l'ordre public s'oppose à ce que de tels fonctionnaires puissent à la faveur de leur caractère exercer, pour leur avantage particulier, une influence dangereuse sur le prix des principaux comestibles, l'interdiction d'un tel commerce est juste et convenable, même envers les administrateurs qui n'auraient pas la criminelle pensée d'en abuser.

En effet, il faut écarter tout ce qui pourrait inspirer aux citoyens de justes sujets d'inquiétude ou d'alarme ; il serait fâcheux que la masse des citoyens craignît l'abus, et encore plus qu'elle y crût : la considération qui environne les fonctionnaires naît principalement de la confiance qu'ils inspirent, et tout ce qui peut altérer cette confiance ou dégrader leur caractère doit leur être interdit.

De la corruption des fonctionnaires publics.

Que dirons-nous de la corruption ?

Le fonctionnaire corrompu est celui qui met son autorité à prix, soit pour faire un acte de sa fonction non sujet à salaire, soit pour ne pas faire un acte qui entre dans l'ordre de ses devoirs.

De tels hommes sont de vrais fléaux, et la société serait bientôt dissoute, s'ils étaient nombreux. La République romaine était bien près de sa ruine, quand Cicéron se plaignait de ce qu'il y était passé en maxime qu'un homme riche, quelque coupable qu'il fût, ne pouvait pas être condamné (1).

Le crime de corruption, isolé de toutes autres circonstances, ne sera jamais puni d'une peine moindre que le carcan, et d'une amende double des promesses agréées ou des présens reçus.

Mais si le fonctionnaire public qui retire de ses fonctions un lucre illicite devient criminel par ce seul fait, ce crime peut s'agraver beaucoup quand il est commis pour arriver à un autre et que celui-ci a été suivi d'exécution.

C'est surtout dans les jugemens criminels que cette agravation peut se faire remarquer : l'on sent combien serait déplorable la corruption qui rendrait un criminel à la société, et combien serait énorme et atroce celle qui ferait succomber un innocent.

Jamais donc il ne sera pas, pour corruption pratiquée et soumise dans les jugemens criminels, appliqué une peine moindre que la réclusion; mais si la corruption a eu pour résultat de faire condamner un innocent à une peine plus forte, cette peine, quelle qu'elle puisse être, deviendra le juste châtiment du fonctionnaire corrompu. La loi du talion ne fut jamais plus équitable ni plus exempte d'inconvéniens.

Dans tous les cas, la même peine sera subie par le corrupteur et par le fonctionnaire qui se sera laissé corrompre, et jamais le prix honteux de la corruption ne deviendra l'objet d'une restitution; la confiscation en sera prononcée au profit des hospices, et ce qui était destiné à alimenter le crime tournera quelquefois du moins au soulagement de l'humanité.

D'autres peines seront infligées à d'autres délits.

Abus d'autorité.

Les abus d'autorité dont je vais actuellement vous entretenir,

---

(1) *Pecuniosum hominem, quampis sit nocens, neminem posse damnari.* Cic. act. 1 in Verr. n. 1.

sont par le projet de loi divisés en deux classes, savoir, *contre les particuliers* et *contre la chose publique.*

Abus d'autorité contre les particuliers.

Les fonctionnaires abusent de leur autorité *contre les particuliers,* quand ils s'introduisent illégalement dans leurs domiciles, quand ils dénient de leur rendre justice après une réquisition des parties et un avertissement de leurs supérieurs, enfin quand ils portent atteinte au secret de la correspondance.

Dans ces cas divers, le fonctionnaire sera puni d'une simple amende.

L'on a, dans cette matière, cherché plutôt une peine efficace qu'une peine sévère.

L'espèce de délit qu'on examine ne tire point sa source de passions viles et basses, comme les concussions ou la corruption; un zèle faux ou mal entendu peut produire assez souvent des abus d'autorité, et il importe de les réprimer, mais avec modération, si l'on veut que ce soit avec succès.

Une amende d'ailleurs a sa gravité relative aux personnes qui en sont l'objet; un fonctionnaire qui n'a point abdiqué tous les senti-mens d'honneur, sera plus qu'un autre sensible à cette peine et ne s'y exposera plus.

Toutefois, l'abus d'autorité qui aurait été porté jusqu'aux violences envers les personnes, sera spécialement puni d'après la nature de ces violences; car il n'y aurait plus de sûreté pour les citoyens, s'il en était autrement.

Au reste, si le plus fréquent abus du pouvoir est par la nature des choses celui que l'on se permet envers des personnes subordonnées, l'abus d'autorité peut aussi être dirigé contre la chose publique.

Abus d'autorité contre la chose publique.

C'est ce qui aurait lieu, si des fonctionnaires publics se permet-taient de requérir ou ordonner l'emploi de la force publique, pour empêcher l'exécution d'une loi ou la perception d'une contribution légale, ou l'effet d'un ordre émané de l'autorité légitime.

Cet abus d'autorité est d'une nature fort différente de celui que nous avons examiné d'abord; c'est une espèce de révolte qui sera d'autant plus grave, et susceptible de peines d'autant plus fortes, qu'elle aura eu plus de développemens et d'effets.

Nous avançons, Messieurs, dans le détail des crimes et délits des fonctionnaires publics, et nous en avons retracé les principaux.

Il en reste pourtant de deux espèces encore.

De quelques délits des officiers de l'état civil.

Des officiers de l'état civil inscrivent-ils leurs actes sur des feuilles volantes, ou procèdent-ils à des mariages sans s'être assurés des consentemens nécessaires pour leur validité, ou admettent-ils une femme qui a déjà été mariée, à un nouveau mariage, avant le terme indiqué par le Code Napoléon ?

Dans ces cas divers ils compromettent l'état civil des personnes, ils se rendent coupables au moins de négligence ; et le besoin de régulariser une partie aussi importante justifiera aisément les peines de police correctionnelle qui leur sont infligées.

De l'exercice de l'autorité publique illégalement anticipé ou prolongé.

C'est aussi pour régulariser l'exercice même de l'autorité publique, que l'on réprimera par des peines de cette nature toutes personnes qui seraient entrées en fonctions sans avoir prêté le serment requis, ou qui s'y seraient maintenues après révocation ou remplacement.

Ces deux délits ne seront cependant pas confondus. Le dernier est le plus grave et n'est jamais susceptible d'excuse. Le premier peut être excusé par l'absence des fonctionnaires entre les mains desquels le serment devait être prêté, et par le besoin de pourvoir au service : les poursuites, dans ce cas, dépendront donc des circonstances, et il eût été imprudent de poser à cet égard une règle inflexible.

Je ne puis, Messieurs, terminer l'exposé de la partie relative aux crimes et délits des fonctionnaires publics, sans appeler votre attention sur une disposition finale qui a paru aussi importante que juste.

Toujours relative aux fonctionnaires et à eux seuls, cette disposition ne les considère plus comme délinquans dans l'exercice ou à l'occasion de l'exercice de leurs fonctions, mais comme délinquans dans l'ordre commun, et se rendant eux-mêmes coupables de quelques-uns des crimes ou délits dont la surveillance ou la répression leur étaient confiées par la loi.

Dans cette fâcheuse hypothèse, n'infligera-t-on que les peines de l'ordre commun ? et si, par exemple, un officier de police judiciaire a commis un vol, ne sera-t-il puni que comme un voleur ordinaire ?

Il est difficile de ne pas considérer comme plus coupable celui qui, chargé par la loi de réprimer les crimes et délits, ose les commettre lui-même ; et il a paru convenable d'élever la peine à son égard.

Si donc il s'agit d'un délit de police correctionnelle, le fonctionnaire qui l'aura commis subira toujours le *maximum* de la peine attachée à l'espèce de ce délit ; et s'il s'agit de crimes, il subira la peine immédiatement supérieure à celle qu'eût méritée tout autre coupable : gradation qui ne cessera qu'au point où elle atteindrait la peine de mort.

Cette disposition toute morale ne saurait qu'honorer notre législation.

Je viens de parler des crimes et délits *des fonctionnaires publics*, classe dans laquelle n'entrent pas les ministres des cultes, à qui nulle autorité temporelle n'est départie, mais dont l'influence et la conduite ne sauraient être étrangères à la paix publique.

Crimes et délits des ministres des cultes.

Le projet de loi s'occupe donc, dans un chapitre particulier, des troubles qui seraient apportés à l'ordre public par ces ministres, dans l'exercice de leur ministère.

Cette matière est grave sans doute, et autant la société doit de reconnaissance et d'égards à ces pasteurs vénérables dont les discours et l'exemple sont un constant hommage à la religion, aux mœurs et aux lois, autant elle doit s'armer contre ces hommes fanatiques ou séditieux qui, au nom du ciel, voudraient troubler la terre, et n'invoqueraient la puissance spirituelle que pour avilir ou entraver l'autorité des lois et du Gouvernement.

Les crimes et délits des ministres des cultes dans l'exercice de leur ministère sont par notre projet divisés en plusieurs classes.

Des contraventions propres à compromettre l'état civil des personnes.

Les ministres qui procèdent aux cérémonies religieuses d'un mariage, sans qu'il leur ait été justifié de l'acte de mariage reçu par les officiers de l'état civil, compromettent évidemment l'état civil des gens simples, d'autant plus disposés à confondre la bénédiction nuptiale avec l'acte constitutif du mariage, que le droit d'imprimer au mariage le sceau de la loi était naguères dans les mains de ces ministres.

Il importe sans doute qu'une si funeste méprise ne se perpétue point, et ce motif est assez puissant pour punir d'une amende les ministres de cultes qui procèdent aux cérémonies religieuses d'un mariage sans justification préalable de l'acte qui le constitue réellement.

Cette peine, légère d'abord, s'aggravera en cas de récidive, et entraînera à la seconde récidive, ou, en d'autres termes, à la troisième infraction, la peine de déportation, parce que celui qui a failli trois

fois

fois se place évidemment dans un état de désobéissance permanente et de révolte contre la loi.

Critiques , censures ou provocations contre l'autorité publique.

Les critiques , censures ou provocations dirigées par ces ministres contre l'autorité publique , sont d'une importance qui ne permettait point le silence et appelait des mesures répressives.

L'on a distingué la critique ou censure simple d'avec la provocation directe à la désobéissance ; dans ce dernier cas , la culpabilité plus forte entraine une plus grande peine.

L'on a distingué aussi les censures et provocations faites dans un discours public d'avec celles consignées dans un écrit pastoral ; et ces dernières sont punies davantage , comme étant le produit plus réfléchi de vues perverses , et comme susceptibles d'une circulation plus dangereuse.

Correspondance avec des cours ou puissances étrangères , sur des matières de religion.

Enfin , le projet de loi proclame comme infraction de l'ordre public toute correspondance que des ministres de cultes entretiendraient sur des questions ou matières religieuses avec une cour ou puissance étrangère , sans l'autorisation du ministre de l'Empereur , chargé de la surveillance des cultes.

Cette disposition , d'une haute importance , ne saurait alarmer que les artisans de troubles , et les hommes , s'il en est encore , assez insensés pour croire ou assez audacieux pour dire que *l'Etat est dans l'église et non l'église dans l'Etat.*

Cette maxime ultramontaine , qui put prévaloir lorsqu'un pontife étranger disposait des Empires et déposait les rois , a été depuis long-temps reléguée dans la classe des erreurs qu'enfantèrent les siècles d'ignorance.

Il ne s'agit pas au reste de rompre les rapports légitimes d'aucun culte avec des chefs même étrangers ; il n'est question que de les connaître , et ce droit du gouvernement , fondé sur le besoin de maintenir la tranquillité publique , impose aux ministres des cultes des devoirs que rempliront avec empressement tous ceux dont les cœurs sont purs et les vues honnêtes. Si cette obligation gêne les autres , son utilité n'en sera que mieux prouvée.

Nous ne sommes point au terme de la longue et pénible nomenclature des crimes et délits qui attaquent la paix publique.

Les crimes ou délits qui blessent l'autorité publique avec un caractère spécial de résistance ou de désobéissance n'ont point encore passé sous vos yeux , et ils sont nombreux , puisqu'ils se divisent en

6

huit classes : la rebellion, les outrages et violences envers les dépositaires de l'autorité, le refus de service, l'évasion des détenus
et le recèlement des criminels, les bris de scellés, les dégradations
de monumens, l'usurpation des titres, et enfin les entraves au libre
exercice des cultes.

Je vais parcourir ces diverses espèces, sans m'arrêter particulièrement à chaque disposition, mais de manière à indiquer les vues
principales du projet relativement à chaque classe.

Rebellion.

Le crime de *rebellion* est plus ou moins grave, d'après certains
caractères qui sont devenus la base de la distribution des peines
en cette matière.

Les rebelles étaient-ils nombreux ou non, armés ou sans armes?
L'intensité de la rebellion dépend essentiellement de ces circonstances.

La qualité des rebelles peut aussi n'être pas sans importance.
Etaient-ce des ouvriers attachés à des ateliers publics, des personnes
admises dans des hospices, des prisonniers même? Entre personnes
de cette espèce, les rebellions ont un caractère d'autant plus dangereux qu'il y a plus de tendance et d'occasions pour s'y livrer.

Les peines de la rebellion, établies et graduées d'après ces idées,
seront quelquefois correctionnelles, quelquefois afflictives.

Mais pour en faire une juste application, et ne point confondre
surtout les réunions armées ou non armées, il convenait de bien fixer
le caractère de celles qui au premier aspect semblent mixtes, et où
les rebelles sont en partie armés et en partie sans armes.

Ces cas sont fréquens, et le projet de loi règle que la réunion
armée sera celle où trois personnes au moins porteront des armes
ostensibles.

Cette règle est juste, et les individus non armés ont au moins à
s'imputer de s'être placés sous la protection ou la bannière de ceux
qui avaient des armes.

Il convient au surplus de remarquer que, si la rebellion dont
on traite en ce moment, dirigée contre les agens de la force publique en fonctions, a un objet différent de celui des bandes et
attroupemens séditieux dont je vous ai entretenu dans votre dernière séance, une telle rebellion pourra néanmoins, comme dans
les cas de sédition, n'être suivie d'aucune peine envers ceux des
rebelles avec attroupement qui se seraient retirés au premier avertissement de l'autorité : c'est le même motif, c'est la même alliance
de l'indulgence avec la politique.

Pareillement, dans l'espèce présente, comme on l'a déjà observé dans l'autre, les crimes individuels commis dans le cours de la rebellion seront distingués du crime même de rebellion, et pourront donner lieu à de plus fortes peines contre ceux qui s'en seraient personnellement rendus coupables : mais ces peines spéciales ne s'étendront pas aux autres rebelles ; car si, dans le tumulte qui accompagne ordinairement de telles scènes, il s'est commis sur l'un des points un crime plus grave que celui de la rebellion même, ne serait-ce pas une rigueur poussée jusqu'à l'injustice que d'en appliquer sans distinction la peine à tous les rebelles.

Sans doute ils doivent tous être punis ; mais le crime de rebellion est le seul qui soit commun à tous, et ceux qui n'ont pas pris part à d'autres crimes spéciaux n'en sauraient être considérés comme complices.

Après le crime de rebellion, le projet de loi s'occupe des outrages et violences envers les dépositaires de l'autorité et de la force publique.

Outrages et violences envers l'autorité.

Ici s'est offert un sujet de discussion assez grave, mais dont la solution pourtant a été facile. Convenait-il de punir les outrages commis, même hors tout exercice de fonctions, de peines de différens ordres, graduées d'après la simple considération du rang plus ou moins élevé que les personnes outragées tiennent dans la société ?

En agitant cette question l'on n'a pas tardé à reconnaître que l'application d'une telle idée serait impraticable ; qu'en tarifant les peines selon le rang de l'offensé, cela irait à l'infini ; qu'il faudrait aussi prendre en considération le rang de l'offenseur ; enfin, l'on a reconnu que cela était moins utile que jamais dans un système qui, assignant à chaque classe de peines temporaires *un maximum et un minimum*, laissait à la justice une suffisante latitude pour varier la punition des outrages *privés*, d'après la considération due aux personnes.

Il ne sera donc ici question que des seuls outrages qui compromettent la paix publique, c'est-à-dire, de ceux dirigés contre les fonctionnaires ou agens publics, dans l'exercice ou à l'occasion de l'exercice de leurs fonctions : dans ce cas, ce n'est plus seulement un particulier, c'est l'ordre public qui est blessé, et dans un grand intérêt les peines peuvent changer de classe et de nature, parce que le délit en a changé lui-même, et que l'outrage dirigé contre l'homme de la loi dans l'exercice de ses fonctions ou de son ministère, quoique conçu dans les mêmes paroles ou les mêmes gestes, est beaucoup plus grave que s'il était dirigé contre un simple citoyen.

La hiérarchie politique sera, dans ce cas, prise en considération; celui qui se permet des outrages ou violences envers un officier ministériel est coupable sans doute, mais il commet un moindre scandale que lorsqu'il outrage un magistrat.

L'offense envers celui-ci peut même varier d'intensité, selon qu'elle est commise dans le sanctuaire même de la justice ou ailleurs, mais toujours à l'occasion de ses fonctions.

Dans la classification de ces outrages, on a placé au moindre degré de l'échelle ceux qui sont commis par gestes ou par menaces.

Les paroles outrageantes qui ont ordinairement un sens plus précis et mieux déterminé que de simples gestes ou menaces, ont paru être un délit supérieur à celui-ci.

Au sommet de l'échelle viennent les coups, qui, punissables envers tout citoyen, sont le comble de l'irrévérence envers les dépositaires de l'autorité.

D'après ces idées générales, le projet distribue des peines quelquefois correctionnelles, quelquefois afflictives.

A ces peines il pourra s'en joindre d'un ordre particulier, telles que les réparations par écrit ou à l'audience, l'éloignement pendant un temps donné du lieu où siége le magistrat offensé, et en cas d'infraction de cette mesure, le bannissement.

Dans toutes ces dispositions, on a cherché, en observant d'ailleurs une juste gradation dans les peines à faire respecter les organes de la justice et ses agens.

Refus d'un service dû légalement.

Le paragraphe qui traite du refus de remplir un service dû légalement n'est pas susceptible d'observations.

Les témoins, les jurés et les dépositaires de la force publique, requis par l'autorité civile et ne répondant point à ses ordres, seront punis de peines correctionnelles, seules convenables pour réprimer une désobéissance qui ne dégénère point en révolte.

Evasion de détenus, recèlement de criminels.

Mais parmi les actes de désobéissance à l'autorité publique l'on peut classer aussi l'évasion des détenus et le recèlement des criminels.

Le délit de recèlement ne s'appliquera point aux proches parens, qui trouvent dans les affections naturelles une excuse que la loi sait apprécier et admettre; mais nulles autres personnes ne pourront, sous prétexte d'humanité, soustraire le coupable à sa punition, ou le prévenu aux recherches de la justice.

L'évasion constitue un délit d'une autre espèce. Considérée dans la personne des détenus eux-mêmes, elle ne saurait être traitée avec rigueur; le désir de la liberté est si naturel à l'homme, que l'on ne saurait prononcer que celui-là devient coupable qui trouvant la porte de sa prison ouverte en franchit le seuil : le délit ne commence à son égard que lorsqu'il a employé des moyens criminels, tels que le bris de prison ou la violence.

A l'égard de ceux que la loi a préposés à sa garde, la position est toute différente, et la simple évasion du détenu constitue ses gardiens en délit.

Ce délit sera plus ou moins grave, selon qu'il résultera de connivence ou simplement de négligence. La gravité sera aussssi mesurée d'après celle du crime ou du délit pour lequel la détention avait eu lieu; car, si la peine doit être proportionnée au préjudice que reçoit la société, il est certain que l'évasion d'un homme détenu pour une rixe ne répand point le même degré d'alarme que l'évasion d'un incendiaire ou d'un assassin.

Bris de scellés , dégradation de monumens , usurpations de titres.

Je n'arrêterai point votre attention, Messieurs, sur les bris de scellés, dégradations de monumens et usurpations de titres.

Les dispositions qui regardent ces diverses espèces d'attentats contre la paix publique se justifient d'elles-mêmes.

J'observerai seulement que la peine du bris de scellés est graduée elle-même sur l'importance des objets qui étaient sous le scellé, et d'après les caractères auxquels la loi attache plus ou moins d'importance.

C'est sans doute une chose utile et juste que d'appliquer cette gradation toutes les fois qu'elle est praticable, et les dispositions dont je vous ai déjà donné connaissance ont pu vous convaincre que nulle occasion tendant à ce but n'a été négligée.

Entraves au libre exercice des cultes.

Je vais maintenant vous entretenir des peines que l'on propose d'appliquer aux entraves mises au libre exercice des cultes.

Ce libre exercice est l'une des propriétés les plus sacrées de l'homme en société, et les atteintes qui y seraient portées ne sauraient que troubler la paix publique.

Nulle religion, nulle secte n'a donc le droit de prescrire à une autre le travail ou le repos, l'inobservance d'une fête religieuse; car nulle d'entr'elles n'est dépositaire de l'autorité; et tout acte qui tend à faire ouvrir ou fermer des ateliers, s'il n'émane du magistrat même, est une voie de fait punissable.

Les désordres causés dans l'intérieur d'un temple ou dans des lieux actuellement servant aux exercices d'un culte, sont aussi un délit qu'il importe de réprimer : l'auteur du trouble est également coupable, soit qu'il appartienne au culte dont les cérémonies ont été troublées, soit qu'il lui soit étranger ; car respect est dû à tous les cultes établis sous la protection de la loi.

Le perturbateur sera donc puni, et la peine s'aggravera, si le trouble a dégénéré en outrages contre les objets du culte, et si ces outrages ont été commis *dans les lieux destinés ou servant actuellement à l'exercice ou au service d'un culte.*

Mais ces expressions mêmes indiquent la limite dans laquelle le législateur a cru devoir se renfermer : la juste protection due aux différens cultes pourrait perdre cet imposant caractère et dégénérer même en vexation ou tyrannie, si de prétendus outrages faits à des signes placés hors de l'enceinte consacrée pouvait devenir l'objet de recherches juridiques. Chacun de nous se rappelle la condamnation prononcée dans le siècle dernier contre le jeune et malheureux *Delabarre*, et nul ne voudra que le jet imprudent d'une pierre lancée au milieu des rues ou des champs, puisse fournir matière à une accusation de sacrilége.

Renfermée dans ses vraies limites, la loi n'en sera que plus respectée : elle prononcera une peine sévère et prise dans l'ordre des peines infamantes contre quiconque oserait porter une main téméraire sur le ministre du culte en fonctions ; mais, à moins qu'il n'y ait des circonstances aggravantes, elle ne punira les autres troubles que de peines correctionnelles graduées d'après le scandale qui aura pu en résulter : ce ne sont pas, surtout en matière de troubles de cette espèce, les peines les plus sévères qui seraient les plus efficaces !

Après avoir retracé les crimes et délits qui compromettent la paix publique sous le rapport d'une résistance plus ou moins directe à l'action de l'autorité, le projet qui vous est soumis s'occupe des dispositions relatives aux associations de malfaiteurs, aux vagabonds et aux mendians. Je viens, en trois mots, d'indiquer trois classes d'individus dont le nom seul est un sujet d'alarme pour la société.

Remarquons au reste que les malfaiteurs dont il s'agit en ce moment ne sont pas ceux qui agissent isolément, ou même de concert avec d'autres, pour la simple exécution d'un crime. Sous ce rapport, il est déjà beaucoup de malfaiteurs dont la peine a été déterminée selon la nature de leurs crimes.

Associations de malfaiteurs.

Ce que le projet de loi considère plus particulièrement ici, ce sont les bandes ou associations de ces êtres pervers qui, faisant un

métier du vol et du pillage, sont convenus de mettre en commun
le produit de leurs méfaits.

Cette association est en soi-même un crime qui, lorsqu'il n'aurait
été accompagné ni suivi d'aucun autre, entraînera la peine des travaux forcés à temps contre les chefs, et celle de la réclusion contre
tous les autres individus de la bande.

Vagabondage.

Mais ces bandes sont ordinairement recrutées par les vagabonds,
et tout ce qui touche au vagabondage trouve naturellement ici sa
place. Le projet de loi définit le vagabondage ; il l'érige en délit,
et lui inflige une peine correctionnelle : toutefois il ne s'arrête point
là. Que serait-ce en effet qu'un emprisonnement de quelques mois,
si le vagabond était ensuite purement et simplement replacé dans la
société à laquelle il n'offrirait aucune garantie.

Celui qui n'a ni domicile ni moyens de subsistance ni profession
ou métier, n'est point en effet membre de la cité; elle peut le rejeter
et le laisser à la disposition du Gouvernement qui pourra dans sa
prudence, ou l'admettre à caution, si un citoyen honnête et solvable
veut bien en répondre, ou le placer dans une maison de travail
jusqu'à ce qu'il ait appris à subvenir à ses besoins, ou enfin le détenir comme un être nuisible ou dangereux, s'il n'y a nul amen-
dement à en espérer.

Mendicité.

Les mendians ne sont pas dignes de beaucoup plus de faveur,
aujourd'hui surtout que la bienfaisante activité du Gouvernement
réalise le vœu philantropique de tant d'écrivains distingués, et ouvre,
sous le nom de dépôts de mendicité, des asiles où les pauvres infirmes
sont nourris aux frais de l'État qui ne leur demandera d'ailleurs que
le travail dont ils seront capables.

Quand de tels établissemens existeront partout, il ne restera plus
de prétexte ni d'excuse à la mendicité ; mais jusques-là la crainte de
frapper le malheur et l'indigence exigera quelques ménagemens en
faveur de mendians invalides.

D'après ces idées, le projet de loi assujétit sans distinction à
des peines correctionnelles toutes personnes qui mendient dans les
lieux pour lesquels il y a des dépôts de mendicité.

Dans les autres lieux on distinguera ; et la mendicité, toujours
punissable à l'égard des individus valides, ne deviendra un délit
à l'égard des autres qu'autant qu'ils feindraient des plaies, qu'ils
mendieraient en réunion, ou qu'ils seraient entrés dans une maison
sans permission des personnes qui y demeurent.

Dans sa prévoyance, le projet de loi a posé aussi quelques règles communes aux vagabonds et aux mendians.

Dispositions communes aux vagabonds et aux mendians.

Tout individu de cette qualité appelle une répression plus spéciale, s'il a été saisi travesti, ou muni d'armes, de limes ou de crochets; s'il a été trouvé porteur d'effets d'une certaine valeur, ou s'il a exercé des violences, quelque légères qu'elles soient.

De la part des hommes dont on s'occupe en ce moment, il n'est aucun des signes indiqués qui ne soit propre à porter l'alarme, et n'atteste un délit consommé ou prêt à l'être.

L'ordre public doit s'armer plus fortement contre ceux qui le menacent davantage; et c'est aussi dans ces vues que la marque sera infligée à tout vagabond ou mendiant qui aura encouru la peine des travaux forcés à temps, et qu'après toute espèce de condamnation à des peines afflictives ou même simplement correctionnelles, les vagabonds et mendians seront mis à la disposition de la haute police.

Réflexions générales sur les mises à la disposition de la haute police.

Cette attribution à la haute police est d'une grande importance: restreinte par les dispositions générales du projet aux gens sans aveu et aux individus condamnés à des peines afflictives ou au bannissement, ne s'exerçant au delà qu'en vertu de condamnations spéciales et pour des cas bien déterminés, c'est une véritable institution dont le nom, quelque sévère qu'il puisse paraître au premier aspect, doit rassurer et non alarmer les bons citoyens.

La société n'a-t-elle donc en effet aucunes précautions à prendre, lorsque les hommes qui l'ont grièvement troublée rentrent dans son sein; et s'ils ne peuvent trouver sur toute la surface de l'Empire un seul citoyen solvable qui veuille cautionner leur conduite future, n'est-ce pas un nouveau degré de suspicion qui s'élève contre eux, et autorise, soit à les éloigner d'un lieu désigné, soit à leur prescrire l'habitation d'un autre, soit enfin à les arrêter et détenir, s'ils désobéissent?

Et quand cette restriction des droits individuels du condamné pourrait être considérée comme une aggravation de la peine principale, elle serait juste encore, puisqu'elle complette la garantie sociale.

Chez un peuple voisin dont la législation, en matière criminelle surtout, a été peut-être trop vantée, quoique souvent digne d'éloges, l'obligation de fournir cette caution a sans doute été portée trop loin, quand la loi a permis de l'imposer selon les circonstances à tout

particulier,

particulier, même domicilié et non repris de justice, sur l'affirmation assermentée d'un autre citoyen touchant le péril auquel celui-ci se prétendrait exposé (1) par suite de paroles ou démarches menaçantes.

Mais s'il y a de graves inconvéniens à armer ainsi les citoyens les uns contre les autres, et si une telle législation semble plus propre à répandre du trouble et des inquiétudes qu'à les calmer, la scène change lorsque la surveillance légale, spécialement dirigée contre des gens sans aveu ou repris de justice, a été remise par l'autorité judiciaire qui a déjà usé du droit de punir, à l'autorité administrative chargée du soin de prévenir de nouveaux crimes.

Dans ce système tout se trouve en harmonie; et si cette heureuse innovation n'arrête pas toutes les récidives, elle en préviendra beaucoup, et assurera du moins, par le cautionnement même, une indemnité aux parties qui seraient lésées par un nouveau délit.

Distribution d'écrits, images ou gravures, sans noms d'auteur, imprimeur ou graveur.

Parmi les innovations heureuses du projet de loi, nous espérons que l'on pourra compter aussi les dispositions qu'il a adoptées dans l'intérêt de la paix publique, contre les distributions d'écrits, images ou gravures que l'on ferait paraître sans nom, soit de l'auteur, soit de l'imprimeur ou graveur.

Sans rien préjuger sur les mesures d'un autre ordre que l'on pourrait prendre contre certains ouvrages dont la circulation serait dangereuse, il est dès ce moment et il a toujours été reconnu que l'émission d'un ouvrage entraîne une juste responsabilité, toutes les fois qu'il nuit, soit à l'ordre public, soit à des intérêts privés.

Mais l'on n'a pas jusqu'à présent tiré de ce principe toutes les conséquences qui en dérivaient naturellement : la première sans doute est que celui qui imprime ou fait imprimer, doit se faire connaître; car que deviendrait sans cela la responsabilité, dans tous les cas où il pourrait échoir de l'appliquer.

Dans tout système qui ne dégénérera point en licence, l'on ne saurait se plaindre d'une telle obligation : si l'ouvrage est bon, ce n'est point une gêne sensible; s'il est dangereux ou nuisible, cette obligation devient un frein utile.

Disons donc que la société a de justes et grandes raisons pour connaître celui qui est responsable; si l'auteur timide ou modeste n'a pas voulu se nommer, le même motif n'existe pas pour l'imprimeur.

(1) Des Lois de police et criminelles de l'Angleterre, ouvrage traduit de l'anglais de Blackstonne, par Ludot, ch. 1.

7

L'alternative laissée sur ce point répond à toutes les objections que l'on pourrait élever dans l'intérêt des lettres.

Ce qui importe surtout ici, c'est qu'il y ait au moins une personne responsable, qu'elle soit connue, et que par ce moyen l'on puisse, le cas échéant, exercer toutes les actions ou poursuites que réclamerait l'ordre public.

Ainsi, puisqu'il est utile que tout ouvrage littéraire porte le nom de son auteur ou de l'imprimeur, la loi peut l'ordonner, et par une juste et immédiate conséquence de cette première disposition elle pourra prohiber la distribution de tous ouvrages qui ne seraient point revêtus de ce caractère.

Si donc on colporte un ouvrage sans nom d'auteur ni d'imprimeur, le colporteur pourra être immédiatement saisi, et pour cette seule contravention puni de peines correctionnelles, réductibles toutefois à des peines de simple police, s'il révèle les personnes qui l'ont chargé de la distribution.

Par cette voie, l'on remontera ordinairement jusqu'à l'imprimeur, et de celui-ci même jusqu'à l'auteur sur lequel pèsera toujours la plus forte peine lorsqu'il sera découvert.

Cette peine cependant variera selon la nature de l'ouvrage distribué en contravention aux lois ; ordinairement correctionnelle, elle pourra devenir afflictive, si l'écrit anonyme contient provocation à des crimes.

Dans ce dernier cas, la peine de complicité restera irrévocablement applicable à l'imprimeur, justement considéré comme ayant connu les caractères pernicieux de l'ouvrage auquel sa criminelle complaisance aura donné cours, et l'atténuation de la peine, pour cause de révélation, se bornera aux simples distributeurs : ceux-ci, aveugles instrumens d'écrivains pervers, ont paru susceptibles de cette modération de peines qui d'ailleurs profitera même à l'ordre public en intéressant les colporteurs à révéler ce qu'ils savent, pour n'être pas traités comme complices.

Dans la combinaison des mesures que je viens de vous exposer, Messieurs, il n'y a rien (vous vous en convaincrez facilement) qui soit dirigé contre le sage emploi des lettres, mais seulement contre les productions clandestines : or, tout auteur qui veut porter ses coups dans l'ombre mérite bien qu'on le suive à la trace ; et si, comme nous l'espérons, le projet de loi atteint ce but, il aura beaucoup fait pour le maintien du bon ordre.

Des sociétés ou réunions illicites.

Il me reste à vous parler, Messieurs, des sociétés ou réunions ayant pour but de s'occuper journellement ou périodiquement d'objets religieux, politiques ou littéraires.

Je me garderai bien de traiter ce sujet avec l'importance qu'on eût pu y mettre, il y a quelques années. Tout ce qui fut dit et écrit alors dérivait d'idées et de principes qui ne peuvent plus recevoir d'application sous la forme de Gouvernement qui a été depuis adoptée en France.

Le droit absolu et indéfini qu'aurait la multitude de se réunir pour traiter d'affaires politiques, religieuses ou autres de cette nature, serait incompatible avec notre état politique actuel.

Mais si le Gouvernement monarchique doit être assez fort pour repousser ce qui pourrait lui nuire, il est aussi dans son essence de n'admettre aucune rigueur inutile : il n'interviendra donc point, hors les cas qui l'intéresseraient spécialement, dans ces petites réunions que les rapports de famille, d'amitié ou de voisinage peuvent établir sur tous les points d'un si vaste Empire ; et lorsqu'il ne se passera dans ces petites réunions rien de contraire au bon ordre, l'autorité publique, qui ne saurait être tracassière, ne leur imposera aucune obligation spéciale, eussent-elles pour objet la lecture en commun de journaux ou autres ouvrages.

Cette obligation spéciale de se faire connaître de l'autorité et d'obtenir son assentiment commencera là seulement où le nombre des sociétaires serait tel qu'il pût devenir un juste sujet de surveillance plus particulière.

C'est alors que de telles associations ne pourront exister qu'avec l'autorisation du Gouvernement et sous les conditions qui leur seront imposées ; c'est alors aussi qu'en cas d'infraction ces associations pourront être dissoutes, et leurs chefs et directeurs condamnés à des amendes et même à l'emprisonnement.

Les dispositions du projet de loi, conformes à ces idées, vous paraîtront sans doute avoir atteint le but qu'elles se proposaient.

Ici, Messieurs, se termine le tableau des crimes et délits *contre la paix publique ;* tableau qui n'est lui-même que le complément du chapitre *des crimes et délits contre la chose publique.*

Cet exposé, bien que restreint aux dispositions principales, a été long, parce qu'il embrassait une multitude de matières dont plusieurs, dérivant de sources un peu abstraites, avaient besoin d'être ramenées à des termes simples, précis, et tels qu'ils convinssent à une législation pénale.

Je me suis au surplus abstenu d'en comparer les détails avec ceux du Code de 1791.

Semblables sur plusieurs points, plus ou moins différentes sur d'autres, souvent ajoutées, les dispositions du nouveau projet de loi sont le résultat de méditations dans lesquelles nous nous sommes efforcés de mettre à profit les travaux mêmes de nos devanciers et les leçons fournies par l'expérience des derniers temps.

Un travail de cette nature offrait de grandes difficultés : la plus grave sans doute était de bien graduer les peines, et d'en faire une juste application aux divers crimes ou délits.

Cet effet s'obtiendrait exactement, s'il existait une progression de peines parfaitement correspondante à la progression des délits, et *si* (selon les expressions de *Beccaria*) *la géométrie était applicable à toutes les petites combinaisons obscures de nos actions* (1).

En l'absence d'un tel guide, le législateur doit consulter son cœur au moins autant que son esprit ; il doit aussi reconnaître et respecter les limites que la nature des choses a mises à sa puissance.

Dans l'application de la peine capitale, et même des peines perpétuelles, la gravité nécessairement énorme des crimes qui y donnent lieu ne laisse pas apercevoir de nuances propres à entraîner la modification de la peine.

Il en est autrement à l'égard des crimes inférieurs, et dont la peine n'est que temporaire ; plus on descendra dans cette classe, plus il deviendra évident que chaque espèce est susceptible de varier d'intensité : une sage circonspection commandait donc de laisser sur ce point une suffisante latitude aux juges, et ce parti adopté par le projet, en même temps qu'il satisfait la justice, a paru propre à rassurer aussi la conscience du législateur.

Puisse ce nouveau travail obtenir votre approbation, et répondre aux vues bienfaisantes de l'auguste Chef de cet Empire ! Puisse le nouveau Code dont plusieurs parties essentielles vous sont actuellement connues, obtenir bientôt une place honorable à côté de ceux qu'a déjà tracés et donnés à la France le héros législateur du dix-neuvième siècle.

(1) Traité des Délits et des Peines, § 6, pag. 31.

MOTIFS *du Livre III , Titre II , Chapitre Ier , présenté au Corps législatif par MM.* FAURE , RÉAL *et* GIUNTI , *Conseillers d'État.*

Séance du 7 Février 1810.

MESSIEURS,

Le projet de Code pénal offert à vos méditations vous a présenté dans le titre premier du livre III, le tableau des crimes et délits contre la chose publique.

Le titre II du même livre a pour objet les crimes et délits contre les particuliers.

Cette seconde partie est aussi d'une extrême importance ; elle embrasse un grand nombre d'attentats dont la répression est indispensable pour garantir à chacun des membres de la société la jouissance paisible de tous les avantages qu'il a droit d'attendre du pacte social. En vain les meilleures lois civiles auraient été faites, si la violence ou la fraude , l'intérêt ou la méchanceté pouvaient se jouer impunément de la vie , de la liberté , de l'honneur et de la fortune des citoyens , ou si le vice livré aux excès les plus honteux pouvait impunément outrager les mœurs.

Ce titre se divise en deux chapitres ; l'un est relatif aux attentats contre les personnes ; le second concerne les attentats contre les propriétés. Le premier forme la matière dont nous aurons l'honneur de vous entretenir aujourd'hui.

Nous parlerons d'abord des actes attentatoires à la vie.

Attentats à la vie.

On attente à la vie d'une personne , soit en lui donnant la mort, soit en exerçant sur elle des actes de violence. Ceux-ci, quoiqu'ils n'entraînent pas sur-le-champ la perte de la vie, peuvent cependant en abréger le cours , ou donner lieu à des maladies ou infirmités.

Pour que l'homicide soit un crime, il faut qu'il soit volontaire ; s'il est tel, il est qualifié meurtre : mais si le meurtre est commis avec préméditation ou guet-apens, la loi le qualifie assassinat.

L'assassinat est donc un plus grand crime que le meurtre, et le meurtre n'emporte la même peine que l'assassinat, que dans des cas particuliers où l'assimilation est nécessitée par l'atrocité du crime, résultante soit de la qualité de la personne homicidée , soit d'autres circonstances aggravantes.

La peine de l'assassinat est la mort ; c'est celle du talion. Tout autre peine , quelque rigoureuse qu'elle fût , ne serait pas assez repressive , et le plus souvent produirait l'impunité. Sans cette peine , la haîne ou la vengeance d'un lâche pourrait se satisfaire en jouant , si je puis parler ainsi , un jeu trop inégal contre le citoyen dont il méditerait la mort : l'un ne mettrait au jeu que sa liberté , et l'autre y mettrait sa vie.

Après avoir dit que le nouveau Code porte la peine de mort contre les assassins , nous n'avons pas besoin d'ajouter que l'homicide par poison sera puni de la même peine.

Le crime d'empoisonnement est un véritable assassinat , car il suppose nécessairement un dessein antérieur : il est d'ailleurs de tous les crimes le plus lâche parmi les plus atroces.

Le nouveau Code le définit ainsi : « Est qualifié empoisonnement » tout attentat à la vie d'une personne par l'effet de substances qui » peuvent donner la mort plus ou moins promptement , de quelque » manière que ces substances aient été employées ou administrées , et » quelles qu'en aient été les suites ».

Cette définition est plus complette que celle adoptée par la loi de 1791, en ce qu'elle comprend tout moyen dont on aurait fait usage pour commettre ce crime , et ne borne pas les tentatives au cas particulier où le poison aurait été présenté ou mêlé avec des alimens ou breuvages. Il est tant de moyens que la scélératesse peut inventer , et dont l'histoire offre l'exemple , qu'il était indispensable de recourir à des termes généraux.

D'un autre côté, il était inutile d'ajouter la disposition de cette même loi de 1791, qui porte que , si avant que l'empoisonnement ait été effectué, ou avant que l'empoisonnement des alimens et breuvages ait été découvert, l'empoisonneur arrêtait l'exécution du crime , soit en supprimant les alimens et breuvages , soit en empêchant qu'on en fasse usage , l'accusé sera acquitté.

Cette disposition était nécessaire lorsqu'elle fut adoptée , parce qu'alors il n'existait aucune loi contre les tentatives de crime. Mais l'art. 2 du nouveau Code, qui les prévoit et les définit, annonce assez qu'aucune de ces tentatives ne sera considérée comme le crime même, lorsqu'elle aura été arrêtée par la volonté de l'auteur , et non par des circonstances fortuites et indépendantes de sa volonté.

Quant au parricide , qui consiste dans le meurtre des pères ou mères légitimes , naturels ou adoptifs , ou de tout autre ascendant légitime , ce crime , même commis sans préméditation ni guet-apens, révolte tellement la nature que , loin de pouvoir être puni d'une peine moindre que l'assassinat , il mérite une peine plus forte. Aussi est-il dit dans le premier Livre du nouveau Code, qu'avant d'être exécuté à mort, il aura le poing droit coupé. Nous ne répéterons point les observations qui vous ont été présentées à cet égard.

On sait que chez les Romains le coupable de parricide était condamné au supplice le plus affreux.

Vous remarquerez, Messieurs, que le nouveau Code assimile les pères et mères adoptifs aux pères et mères légitimes. Le Code Napoléon a consacré cette assimilation par ses diverses dispositions. Suivant l'article 349, « l'obligation naturelle qui continuera d'exister entre » l'adopté et ses père et mère, de se fournir des alimens dans les » cas déterminés par la loi, sera considérée comme commune à » l'adoptant et à l'adopté, l'un envers l'autre.

Ajoutons que l'article 350 accorde à l'adopté sur la succession de l'adoptant les mêmes droits que ceux qui appartiennent à l'enfant né en mariage.

Le meurtre d'un enfant nouveau né, crime que le projet qualifie infanticide, sera puni de la même peine que l'assassinat. On se rappelle que la qualification d'assassinat est donnée à tout meurtre commis avec préméditation : or il est impossible que l'infanticide ne soit pas prémédité ; il est impossible qu'il soit l'effet subit de la colère ou de la haine, puisqu'un enfant, loin d'exciter de tels sentimens, ne peut inspirer que celui de la pitié. Il est hors d'état de se défendre, hors d'état de demander du secours, et par cela seul il est plus spécialement sous la protection de la loi. Des hospices sont établis pour recevoir ceux dont on ne peut prendre soin. L'infanticide est donc sous tous les rapports un acte de barbarie atroce, et quand il serait quelquefois le fruit du déréglement de mœurs, une telle cause ne peut trouver d'indulgence dans une législation protectrice des mœurs.

La peine de l'assassinat sera aussi celle du meurtre qui aura été précédé, accompagné ou suivi de quelque crime ou délit. Ce concours de circonstances qui s'aggravent réciproquement est d'une nature si effrayante qu'une peine inférieure ne suffirait pas pour tranquilliser la société.

Enfin le Code assimile aux assassins et punit comme tels tous malfaiteurs, quelle que soit leur dénomination, qui, pour l'exécution de leurs crimes, emploient des tortures ou commettent des actes de barbarie. Ces individus à qui les moyens les plus horribles ne coûtent rien, pourvu qu'ils arrivent à leurs fins, et qui portent la terreur et la désolation partout où ils existent, ne peuvent être retenus que par la crainte du dernier supplice.

Quant au meurtre dénué de toute espèce de circonstances aggravantes, il sera puni de la peine qui suit immédiatement celle de mort; c'est-à-dire de la peine des travaux forcés à perpétuité. Dès que ce crime n'est point le résultat d'un dessein formé avant l'action, dès qu'il ne présente aucun des caratères dont nous avons parlé, il est sans contredit moins grave que l'assassinat, et dès lors il ne doit pas emporter la même peine. Autrement cette juste proportion qu'on ne saurait observer avec trop de soin entre les délits et les peines, et cette gradation qui en est la suite nécessaire, ne subsisteraient plus.

Le nouveau Code ne se borne pas à établir des peines contre les coupables des divers crimes dont nous venons de parler, il en établit aussi contre ceux qui se permettent des menaces d'attentats contre la vie des personnes, lorsque ces attentats, s'ils étaient commis, seraient punis d'une peine capitale ou au moins égale à celle des travaux forcés à temps.

De telles menaces, lorsqu'elles sont écrites, annoncent un dessein prémédité de faire le mal. Le plus souvent l'écrit où elles se trouvent contient un ordre quelconque, par exemple, l'ordre de déposer une somme d'argent dans un lieu indiqué. Quel que soit l'ordre, la loi punit le crime de la même peine que le vol avec violence. N'est-ce pas en effet un crime semblable? La personne menacée est dans une situation d'autant plus critique qu'elle ne peut pas se mettre continuellement en garde, et qu'elle craint toujours que si elle n'obéit point à l'ordre, tôt ou tard, et au moment où elle y songera le moins, elle ne finisse par être victime du crime dont elle est menacée. La terreur que ces menaces inspirent ne nuit pas seulement à la tranquillité de la personne qui en est l'objet, elle est partagée par beaucoup d'autres qui redoutent pour eux le même sort.

Ce que nous venons d'observer trouve également son application, si l'écrit au lieu de contenir l'ordre de déposer une somme, contient celui de remplir une condition quelconque; en ce dernier cas, il y a toujours violence, et violence préméditée avec dessein d'obtenir ce qu'on n'a pas le droit d'exiger.

Lorsque la menace écrite n'a été accompagnée d'aucun ordre ou condition, on ne peut l'attribuer qu'au desir de répandre l'effroi sans aucun but de s'approprier le bien d'autrui. Le coupable doit être puni, mais il ne le sera que des peines de police correctionnelle. Ce délit est en effet bien moins grave que le premier.

Le Code veut aussi que des peines de police correctionnelle soient prononcées, quoique les menaces soient verbales, toutes les fois qu'elles seront accompagnées d'un ordre ou condition. Les menaces verbales seront moins punies que les menaces écrites, parce que le coupable agissant plus à découvert, il est moins difficile de se mettre en garde contre lui, que dès lors elles excitent une crainte moins forte, et que d'un autre côté la préméditation n'est pas nécessairement attachée aux menaces verbales, comme elle l'est aux menaces écrites.

A l'égard des menaces verbales qu'aucun ordre ni condition n'auront

ront

ront accompagnées, nulle peine n'est établie. On a considéré qu'étant dénuées de tout intérêt, elles peuvent être le résultat d'un mouvement subit, produit par la colère, et dissipé bientôt par la réflexion.

Nous observerons ici que dans les deux cas où la menace est punie correctionnellement, les coupables peuvent être mis sous la surveillance de la haute police. Cette faculté laissée aux juges leur impose le devoir d'examiner jusqu'à quel point ces individus sont dangereux, soit par leur vie habituelle, soit par leurs liaisons.

Passons maintenant à l'examen des attentats qui ne portent point le caractère de meurtre, mais qui cependant présentent des actes de violence que la loi doit sévèrement réprimer. Ainsi, des coups auront été portés ou des blessures auront été faites, et la personne blessée ou frappée aura essuyé une maladie, ou se sera trouvée dans l'incapacité absolue de se livrer à aucun travail personnel ; si la maladie ou l'incapacité de travail a duré plus de vingt jours, le coupable sera puni de la réclusion. Le même crime emportera la peine des travaux forcés à temps, lorsqu'il y aura eu préméditation ou guet-apens ; et comme les juges, en appliquant la loi, auront une latitude de cinq ans jusqu'à dix pour la réclusion, et de cinq ans jusqu'à vingt pour les travaux forcés à temps, il leur sera facile de proportionner la peine à la gravité du fait. C'est par cette raison qu'il n'a pas été jugé nécessaire de faire entrer dans le nouveau Code les distinctions qui se trouvent dans la loi de 1791, sur les différentes espèces de mutilations.

Si les blessures ou les coups sont d'une nature moins grave que ceux qui doivent donner lieu à la réclusion ou aux travaux forcés à temps, ils ne seront punis que des peines de police correctionnelle ; mais la durée de l'emprisonnement et la quotité de l'amende dépendent des circonstances dont la preuve aura été acquise : il suffira que les juges se renferment dans les limites tracées par la loi à l'égard de cette espèce de délit.

Enfin, quelle qu'ait été la nature du crime ou délit, le Code veut que la peine soit plus forte, si la personne maltraitée est le père ou la mère, légitime ou adoptif, ou tout autre ascendant légitime. Cette différence dérive du même principe que la disposition relative au parricide. La lecture de l'article fera voir que la peine est élevée dans une juste proportion, comparativement à celle que le coupable aurait subie, si le crime ou délit eût été commis envers tout autre.

On doit observer que, lorsque les blessures ou les coups seront susceptibles d'être qualifiés tentatives d'assassinat, les dispositions qui viennent d'être analysées ne seront plus applicables : il faudra se reporter à l'article du Code, relatif aux tentatives de crime ; et si le cas d'attaque à dessein de tuer a été l'objet d'une disposition spéciale dans la loi de 1791, c'est parce que cette loi ne contenait aucune disposition générale sur les tentatives.

L'article du nouveau Code, relatif à l'avortement, offre aussi plusieurs modifications importantes. La nécessité de punir ce crime n'a pas besoin d'être démontrée : la loi de 1791 ne l'a pas oublié ; mais elle punit de la même peine indistinctement toute personne coupable de ce crime. Cette confusion n'existera point dans la nouvelle loi : la femme coupable du crime d'avortement sera punie de la réclusion ; mais une peine plus rigoureuse, celle des travaux forcés à temps, aura lieu contre les médecins, chirugiens et autres officiers de santé qui auront procuré à la femme les moyens de se faire avorter. Ils sont en effet plus coupables que la femme même, lorsqu'ils font usage pour détruire, d'un art qu'ils ne doivent employer qu'à conserver. Le chancelier Daguesseau rapporte à ce sujet qu'Hyppocrate, dans le serment qu'on trouve à la tête de ses ouvrages, promet solennellement de ne jamais donner à une femme grosse aucun médicament qui puisse la faire avorter. Son serment, dit-il, est suivi d'imprécations qui prouvent que ce crime était considéré comme un des plus grands qu'un médecin pût commettre. En effet, si la femme ne trouvait pas tant de facilité à se procurer les moyens d'avortement, la crainte d'exposer sa propre vie en faisant usage de médicamens qu'elle ne connaîtrait pas, l'obligerait souvent de différer son crime, et elle pourrait ensuite être arrêtée par ses remords. La disposition relative aux médecins ne se trouve point dans la loi de 1791.

Je ne m'arrêterai point à la partie du Code qui concerne l'homicide, les blessures et les coups involontaires, résultans du défaut d'adresse ou de précaution : ces délits sont punis de peines de police correctionnelle, et les termes généraux dans lesquels les articles sont conçus embrassent toutes les espèces.

Je passe aux crimes ou délits qui, quoique volontaires, sont susceptibles d'être excusés. On se rappelle que le Code d'Instruction criminelle porte qu'aucun fait proposé pour excuse par l'accusé, ne sera, quelque prouvé qu'il soit, pris en considération par le juge, s'il n'est déclaré excusable par la loi.

C'est ici que le Code détermine les divers cas où des crimes et délits commis envers les personnes peuvent être excusés. Il n'admet point l'excuse sans une provocation violente, et d'une violence telle que le coupable n'ait pas eu, au moment même de l'action qui lui est reprochée, toute la liberté d'esprit nécessaire pour agir avec une mûre réflexion. Sans doute, il a commis une action blâmable, une action que la loi ne peut se dispenser de punir ; mais il ne peut être, aux yeux de la loi, tout-à-fait aussi coupable que si la provocation qui l'a entraîné n'eût pas existé.

Cette provocation, nous ne pouvons trop le redire, doit être de nature à faire la plus vive impression sur l'esprit le plus fort.

Le Code renferme plusieurs dispositions sur les faits qui sont susceptibles d'être déclarés excusables; je me contenterai d'en citer une seule. « Dans le cas d'adultère, porte le Code, le meurtre commis par » l'époux sur son épouse, ainsi que sur le complice, à l'instant où il » les surprend en flagrant délit dans la maison conjugale, est excusa- » ble ». Cet outrage fait au mari est une de ces provocations violentes qui appellent l'indulgence de la loi. On remarquera que la loi n'excuse ce meurtre que sous deux conditions : 1° si l'époux l'a commis au même instant où il a surpris l'adultère; plus tard il a eu le temps de réfléchir, et il a dû penser qu'il n'est permis à personne de se faire justice à soi-même; 2° s'il a surpris l'adultère dans sa propre maison : cette restriction a paru nécessaire; on a craint que, si ce meurtre commis dans tout autre lieu, était également excusable, la tranquillité des familles ne fût troublée par des époux méfians et injustes qu'aveu-glerait l'espoir de se venger des prétendus égaremens de leurs épouses.

Il est certains meurtres à l'égard desquels la loi n'admet point d'excuse, quoiqu'il y ait eu provocation violente.

Par exemple, aucune provocation, quelque violente qu'elle soit; ne peut excuser le parricide : le respect religieux qu'on doit à l'auteur de ses jours ou à celui que la loi place au même rang, impose le devoir de tout souffrir plutôt que de porter sur eux une main sacrilége.

A l'égard du meurtre commis par l'époux envers son épouse, dans tout autre cas que celui dont nous venons de parler au sujet de la femme adultère, ou du meurtre commis par l'épouse envers son époux, le crime n'est excusable que, lorsqu'au moment même où il a été commis, la vie de l'auteur du crime a été mise en péril par l'époux ou l'épouse homicidée. C'est en effet la seule excuse qui puisse être admise à l'égard de personnes obligées par état de vivre ensemble, et de n'épargner aucuns sacrifices pour maintenir entre eux une parfaite union.

Lorsque la loi déclare un fait excusable, et que ce fait est prouvé, les juges ne peuvent prononcer des peines afflictives ou infamantes: il y aurait de la contradiction à déclarer infâme en vertu de la loi celui qu'elle reconnaît digne d'excuse. Les peines de police correction-nelle sont donc les seules qui doivent être prononcées. Le Code établit sur ce point une échelle de proportion relative à la peine que le coupable eût dû subir si l'excuse n'avait pas existé.

Il est des circonstances où l'homicide, les blessures et les coups ne sont susceptibles d'aucune peine, en un mot, où il ne résulte de ces actes aucun crime ni délit.

Les cas arrive, soit lorsque ces actes étaient ordonnés par la loi

et commandés par l'autorité légitime, soit lorsqu'ils étaient commandés par la nécessité actuelle de la légitime défense de soi-même
ou d'autrui.

Ces mots *nécessité actuelle* prouvent qu'il ne s'agit que du moment
même où l'on est obligé de repousser la force par la force. Après avoir
vu la loi défendre d'exercer des violences, on la voit ici permettre de
les repousser. Elle veut que les hommes écoutent et respectent cette
défense dans le commerce paisible qu'ils ont ensemble ; mais elle les
en dispense, lorsque l'on commet contre eux des actes hostiles : elle
ne leur commande pas d'attendre alors sa protection et son secours,
et de se reposer sur elle du soin de leur vengeance ; parce que l'innocent souffrirait une mort injuste, avant qu'elle eût pu faire subir au
coupable le juste châtiment qu'il aurait mérité.

J'ai terminé mes observations sur la partie du Code relative aux
attentats contre la vie des personnes.

Le Code s'occupe ensuite des attentats contre les mœurs.

Attentats contre les mœurs.

« Les peines qui sont de la juridiction correctionnelle, dit l'auteur
» de l'Esprit des Lois, suffisent pour réprimer ces sortes de délits ;
» en effet ils sont moins fondés sur la méchanceté que sur l'oubli ou
» le mépris de soi-même. Il n'est ici question, ajoute-t-il, que des
» crimes qui intéressent uniquement les mœurs, non de ceux qui
» choquent aussi la sûreté publique, tels que l'enlèvement et le
» viol ».

La distinction établie par Montesquieu a été suivie dans le Code.

Le viol sera puni de la réclusion. Il en sera de même de tout autre
attentat à la pudeur, consommé ou tenté avec violence contre des
personnes de l'un ou de l'autre sexe. La loi de 1791 n'a parlé que du
viol ; elle s'est tue sur d'autres crimes qui n'offensent pas moins les
mœurs : il convenait de remplir cette lacune. Celui qui aura commis
l'un de ces attentats envers une personne âgée de moins de quinze ans
accomplis, encourra la peine des travaux forcés à temps : il est même
des circonstances qui, réunies au crime, attireront sur le coupable
la peine des travaux forcés à perpétuité ; ces circonstances, spécifiées
par le Code, résulteront, soit de la qualité du coupable, soit des
moyens qu'il aura employés.

Le Code prononce aussi des peines de police correctionnelle contre
les personnes convaincues d'avoir débauché ou corrompu la jeunesse :
il est en ce point conforme à l'ancienne loi ; mais de plus, le coupable sera interdit de toute tutelle et curatelle, et de toute partici-
pation au conseil de famille, pendant un temps déterminé. Si c'est
le père ou la mère, il sera, indépendamment des autres peines, privé

de tous les droits et avantages qu'il aurait pu réclamer, en vertu du Code Napoléon , sur la personne et les biens de l'enfant. Cette dernière disposition vengera les mœurs outragées par ceux qui devaient en être les plus fidèles gardiens.

Parmi les attentats aux mœurs est comprise la violation de la foi conjugale , soit que ce délit ait été commis par la femme , soit qu'il l'ait été par le mari. L'adultère de la femme est un délit plus grand , parce qu'il entraîne des conséquences plus graves , et qu'il peut faire entrer dans la famille légitime un enfant qui n'appartient point à celui que la loi regarde comme le père. Le Code pénal, en énonçant la peine qui doit être prononcée contre la femme, n'a fait que se conformer à l'article 298 du Code Napoléon , de ce Code où l'on remarque partout le respect le plus religieux pour les mœurs : il porte un emprisonnement, par voie de police correctionnelle , de trois mois au moins et de deux ans au plus.

On a rappelé , dans le projet, l'article 309 de ce même Code , qui laisse le mari maître d'arrêter l'effet de cette condamnation , en consentant à reprendre sa femme. En effet la femme n'est coupable qu'envers son mari ; il doit donc avoir le droit de lui pardonner.

Si la femme n'est coupable qu'envers le mari , lui seul est en droit de se plaindre ; l'action doit être interdite à tout autre , parce que tout autre est sans qualité et sans intérêt.

Bien plus , le mari serait privé de cette action , s'il avait été condamné lui-même pour cause d'adultère : alors la justice le repousserait comme indigne de sa confiance ; et n'ayant pu, comme on va le voir, être convaincu d'adultère que sur la plainte de sa femme, il serait trop à craindre qu'il n'agît que par récrimination.

Le complice de la femme sera condamné à la même peine , et de plus à l'amende.

A l'égard de la poursuite contre le mari pour cause d'adultère, elle ne peut avoir lieu que sur la plainte de la femme , parce qu'elle seule est intéressée à réclamer contre l'infidélité de son époux ; et la femme ne peut intenter cette plainte, que lorsqu'il a entretenu sa concubine dans la maison conjugale. Dans tout autre cas, les recherches dégénéreraient souvent en inquisition ; mais dans celui prévu par la loi , le délit est notoire. C'est d'après le même esprit que le Code Napoléon n'admet la femme à demander le divorce pour cause d'adultère de son mari, qu'en rapportant la même preuve à l'égard de la concubine. Quant au délit, il sera puni d'une amende.

La loi de 1791 avait gardé le silence sur la violation de la foi conjugale de la part de l'époux ou de l'épouse. Les dispositions du nouveau Code rempliront cette lacune.

La loi proposée prévoit, comme celle de 1791 , le crime commis par la personne qui a contracté un nouveau mariage avant la dissolution du premier. La peine sera celle des travaux forcés à temps ; et remplacera celle des fers. Le crime est très-grave en effet ; il renferme tout à la fois l'adultère et le faux ; car le coupable a déclaré faussement devant l'officier de l'état civil, et même attesté par sa signature, qu'il n'était point engagé dans les liens du mariage. Nous ne parlerons point des conséquences qui résultent de ce crime, pour la seconde femme et pour les enfans ; ces détails n'entrent point dans notre sujet.

Nous arrivons maintenant à la partie du Code relative aux arrestations illégales et séquestrations de personnes.

Arrestations illégales.

Il ne s'agit point ici de celles commises par des fonctionnaires publics ; cette matière est réglée par le titre Ier du troisième Livre : les dispositions actuelles n'ont trait qu'aux attentats à la liberté, commis par des particuliers. On peut être arrêté par toute personne, lorsqu'on est surpris commettant un crime ou délit que toute personne a le droit de dénoncer ; on peut aussi être arrêté par celui qu'une loi autorise à cet effet, ou qui est porteur d'ordre de l'autorité compétente. Hors ces cas, celui qui se permet de faire une arrestation est coupable de crime. Prêter un lieu pour séquestrer la personne arrêtée, est un acte de complicité. Ce crime appelle un châtiment rigoureux ; il porte atteinte à l'une des jouissances les plus précieuses que la société garantit à chacun de ses membres. Le Code prononce la peine des travaux forcés à temps contre l'auteur et son complice ; il se relâche cependant de sa rigueur envers le coupable, et consent à ce qu'il ne soit condamné qu'à des peines de police correctionnelle, si, avant le dixième jour accompli, il a rendu libre celui qu'il avait arrêté : alors la loi commue la peine en faveur de son repentir, et veut bien supposer que sa faute a été plutôt le résultat de l'irréflexion du moment, que d'une préméditation tenant à des combinaisons criminelles. Mais, passé le dixième jour, elle ne doute plus de la perversité de l'intention, et devient inflexible : si même la détention ou séquestration a duré plus d'un mois, elle ne voit plus dans le coupable qu'un méchant, tellement obtiné, tellement endurci, qu'il serait un fléau pour la société, s'il pouvait jamais rentrer dans son sein ; elle l'en exclut pour toujours en le condamnant aux travaux forcés à perpétuité.

Enfin, il est des circonstances particulières qui peuvent accompagner l'arrestation illégale, et qui lui donnent un tel caractère de gravité, que la loi considère alors le coupable comme atteint de brigandage et d'assassinat, et qu'elle prononce contre lui la peine de mort, peine destinée aux brigands et aux assassins.

Ces circonstances, dont la définition ne doit point dépendre de l'arbitraire du juge, sont spécifiées dans le Code. Les coupables seront punis de mort, dit-il,

Si l'arrestation a été exécutée avec le faux costume, sous un faux nom, ou sous un faux ordre de l'autorité publique;

Si l'individu arrêté, détenu ou séquestré, a été menacé de mort;

S'il a été soumis à des tortures corporelles.

Des attentats qui blessent l'ordre public à un tel degré ne peuvent être trop sévèrement réprimés; ils doivent être mis au même rang que les plus grands crimes contre la paix publique.

Les dispositions que nous allons examiner maintenant concernent les crimes ou délits qui tendent à empêcher ou à détruire la preuve de l'état civil d'un enfant, ou à compromettre son existence.

Attentats contre l'état civil d'une personne.

Le Code pénal de 1791 ne contient qu'une seule disposition sur cette matière; il prononce douze ans de fers contre celui qui a détruit la preuve de l'état civil d'une personne.

L'expérience a fait reconnaître que cette disposition était trop vague, et qu'il convenait de spécifier les différens cas, tels que le recelé ou la suppression d'un enfant, la substitution d'un enfant à un autre, et la supposition d'un enfant à une femme qui n'est point accouchée.

Nous ne parlerons point des édits et déclarations qui furent rendus sous la dernière dynastie, relativement aux recelés de grossesse. L'humanité eut long-temps à gémir de lois si atroces.

L'Assemblée constituante fit disparaître cette législation, si contraire aux mœurs d'un peuple civilisé et particulièrement de la nation française.

Mais, pour éviter les détails auxquels s'étaient livrées les anciennes lois, elle tomba dans l'excès opposé, et ne détermina point du tout ce qui, en matière pénale, ne peut être déterminé avec trop de soin. Les expressions du nouveau Code ne laisseront point de doute que ceux-là seront condamnés à la peine de la réclusion, qui, par de fausses déclarations, donneront à un enfant une famille à laquelle il n'appartient point et le priveront de celle à laquelle il appartient, ou qui, par un moyen quelconque, lui feront perdre l'état que la loi lui garantissait, ou enfin qui, étant chargés d'un enfant, ne le représenteront pas aux personnes qui ont droit de le réclamer.

Le Code Napoléon, pour assurer cet état aux enfans, exige que les naissances soient déclarées à l'officier de l'état civil, et désigne les personnes qu'il charge de faire ces déclarations. Depuis ce Code, ou a remarqué que, faute d'une loi pénale, quelques personnes s'en étaient abstenues : cette conduite est d'autant plus blâmable, qu'elles contreviennent à une loi sage dont le but est de veiller à l'intérêt d'enfans qui ne peuvent pas y veiller eux-mêmes ; que la tendresse des parens eût dû être le garant de l'exécution de la loi ; qu'enfin, s'il était possible de croire que le motif de ce délit fût l'espoir de soustraire un jour ces mêmes enfans aux lois sur la conscription, ils peuvent être assurés qu'ils les exposent, au contraire, à être appelés souvent plutôt qu'ils ne le seraient, s'ils étaient en état de représenter leur acte de naissance. Le Code actuel punit ce délit.

Vous verrez, Messieurs, en parcourant les détails du projet, combien on a pris de précautions pour empêcher que l'intérêt personnel ou la négligence ne prive un enfant des moyens de reconnaître un jour la famille dont il est membre, et de réclamer les droits qui lui appartiennent comme membre de cette famille.

Parmi les délits que le Code prévoit, *je citerai l'exposition d'enfant.* Les peines de police correctionnelle auxquelles ce délit donnera lieu, doivent être plus ou moins fortes, suivant le danger qu'on a fait courir à l'enfant ; et ce danger est plus ou moins grand, suivant que le lieu de l'exposition est ou n'est pas solitaire. Il était impossible que la loi donnât une explication précise à cet égard, elle s'en rapporte aux juges ; car le lieu le plus fréquenté peut quelquefois être solitaire, et le lieu le plus solitaire être très-fréquenté ; cela dépend des circonstances.

Si l'enfant exposé dans un lieu solitaire a été mutilé ou estropié, ou si la mort est résultée de l'exposition, le coupable est puni comme s'il l'avait lui-même mutilé ou estropié, ou comme s'il lui avait lui-même donné la mort. Car, il ne pouvait se dissimuler que la privation absolue où il laissait l'enfant de toute espèce de secours, l'exposait à cet événement, et il ne tenait qu'à lui de l'en préserver ; dès qu'il ne l'a pas fait, la loi déclare qu'il en est la cause volontaire, et le soumet aux peines établies contre les auteurs de blessures ou d'homicides volontaires.

Il faut remarquer que, d'après le Code, l'exposition d'enfant n'est un délit que lorsque l'enfant exposé a moins de sept ans. Passé cet âge, la loi présume que l'enfant peut faire connaître les personnes entre les mains desquelles il se trouvait, et le lieu de leur demeure ; qu'il peut, en un mot, fournir les renseignemens nécessaires pour qu'il soit possible de retrouver la trace qu'on a voulu faire perdre.

C'est par les mêmes motifs que le Code, en prononçant des peines de police correctionnelle contre ceux qui porteraient à l'hospice un enfant dont ils se sont chargés gratuitement, ou pour lequel ils reçoivent une pension qui leur a été payée avec exactitude, ne parle que de l'enfant dont l'âge est au dessous de sept ans accomplis. Le

législateur

législateur a craint que, tant qu'il n'aurait pas cet âge, il ne pût s'expliquer assez pour indiquer la maison où il a vécu jusqu'alors, et pour éclairer la justice de manière qu'elle puisse empêcher que son état civil ne soit perdu.

Tels sont les moyens par lesquels la loi tâche de mettre l'enfant à l'abri des atteintes directes et indirectes qu'on voudrait porter à ses droits.

Nous allons parler maintenant des précautions qu'elle prend contre l'enlèvement de mineurs.

Enlèvement de mineurs.

Ce crime, enfanté par la cupidité ou par le dérèglement des mœurs, souvent par l'un et par l'autre à la fois, présente un des plus dangereux attentats contre la faiblesse et l'inexpérience ; car l'enlèvement ne peut être fait que par violence ou par fraude, et en dérobant le mineur aux personnes qui le surveillaient. Le Code porte la réclusion contre celui qui se sera rendu coupable de ce crime : mais si la personne enlevée ou détournée est une fille au dessous de seize ans accomplis, le crime étant plus grave, la peine est plus forte; c'est celle des travaux forcés à temps. Il est évident qu'un tel enlèvement n'a pu avoir lieu que pour abuser de la personne, ou pour forcer les parens à consentir au mariage. L'homme n'est pas moins coupable, quand la fille l'aurait suivi volontairement; car c'est lui qui a été le corrupteur. Si cependant, lorsqu'il a commis l'enlèvement, il n'avait pas encore vingt-un ans, la loi se borne à prononcer contre lui des peines de police correctionnelle : elle le punit comme ayant commis une action très-répréhensible sans doute, et comme sachant très-bien que cette action était défendue par la loi ; mais elle ne veut pas le punir aussi sévèrement que s'il était d'un âge qui ne permît pas de douter qu'il a senti toutes les conséquences de son crime.

Si enfin le ravisseur a épousé la personne qu'il avait enlevée, le sort du coupable dépendra du parti que prendront ceux qui ont droit de demander la nullité du mariage : s'ils ne la demandent point, la poursuite du crime ne peut avoir lieu; autrement, la peine qui serait prononcée contre le coupable rejaillirait sur la personne dont il a abusé, et qui, victime innocente de la faute de son époux, serait réduite à partager sa honte. Il ne suffit pas même, pour que l'époux puisse être poursuivi criminellement, que la nullité du mariage ait été demandée; il faut encore que le mariage soit en effet déclaré nul : car il serait possible qu'à l'époque où l'action en nullité serait intentée, il existât une fin de non recevoir contre les parens, soit parce qu'ils auraient expressément ou tacitement approuvé le mariage, soit parce qu'il se serait écoulé une année sans réclamation de leur part, depuis qu'ils ont eu connaissance du mariage.

9

Ces fins de non recevoir sont établies par l'article 183 du Code Napoléon. En ce cas, dès que le mariage ne pourrait plus être attaqué, les considérations que je viens d'exposer ne permettraient pas que la conduite de l'époux fût recherchée ; et si l'intérêt de la société est qu'aucun crime ne reste impuni, son plus grand intérêt en cette occasion est de se montrer indulgente, et de ne pas sacrifier à une vengeance tardive le bonheur d'une famille entière.

La sollicitude du législateur s'est étendue jusqu'au moment où l'homme vient de payer le dernier tribut à la nature.

Infractions aux lois sur les inhumations.

Le Code Napoléon a fixé des règles pour constater les décès, et la loi pénale prononce des peines contre ceux qui ne font point les déclarations nécessaires pour que les décès soient constatés. Il importe que les déclarations soient faites, non seulement afin de connaître les changemens qui arrivent dans les familles, et de mettre les héritiers à portée de réclamer leurs droits, mais encore afin de ne pas laisser échapper la trace des crimes qui auraient pu occasionner la mort d'une personne. Ceux à qui la loi impose le devoir de faire ces déclarations ne doivent pas perdre de vue que, dans le cas où il s'élèverait quelques présomptions de mort violente, leur négligence les exposerait à être poursuivis comme recéleurs du cadavre d'une personne homicidée.

Le nouveau Code n'oublie pas non plus de punir ceux qui se rendent coupables de violations de tombeaux et de sépultures ; cet objet ne peut être indifférent. Les anciens ont toujours montré le respect le plus religieux pour les cendres des morts ; il suffit pour s'en convaincre de jeter un coup d'œil sur leur législation, particulièrement sur celle des Grecs et des Romains. Les Gaulois étaient animés du même esprit que ceux dont ils envahirent le territoire. Une loi salique, dit Montesquieu, interdisait à celui qui avait dépouillé un cadavre le commerce des hommes, jusqu'à ce que les parens, acceptant la satisfaction, eussent demandé qu'il pût vivre parmi les hommes. Ce respect est si naturel que le simple récit de telles violations inspire une horreur qu'on ne saurait contenir. Chez les Sauvages même, le souvenir des morts enflamme leur imagination, et produit en eux les émotions les plus vives.

Faux témoignages.

Le faux témoignage est un crime qui, dans tous les temps, a été puni des peines les plus sévères. L'édit de 1531, qui portait la peine de mort contre toute espèce de faux, comprenait en termes exprès le faux témoignage commis en justice. Cet édit fut modifié par celui de 1680, qui n'ordonna la peine de mort que pour les faux commis dans l'exercice d'une fonction publique, et autorisa les juges, pour les autres cas où il s'agirait de faux, à prononcer telle peine qu'ils jugeraient convenable, même celle de mort, suivant les circonstances. Les rédacteurs de la loi de 1791 ne voulurent pas abandonner à l'arbitraire la faculté de disposer ainsi de la vie des accusés.

Un des articles de cette loi porte que le faux témoin, en matière criminelle, sera puni de la peine de vingt ans de fers, et qu'il sera puni de mort, s'il est intervenu condamnation à mort contre l'accusé, dans le procès duquel aura été entendu le faux témoin.

Le nouveau Code s'est conformé à l'esprit qui a dicté cette disposition, et n'a fait d'autres changemens que celui qui était nécessité par le nouvel ordre de peines : il ne distingue pas non plus si le faux témoin a été corrompu par argent. C'est un crime extrêmement grave, quel qu'en ait été le motif, que de faire perdre à un innocent l'honneur et la liberté, quelquefois même la vie, ou de faire rentrer dans la société un coupable qui, enhardi par l'impunité même, commettra bientôt de nouveaux forfaits : ainsi, en matière criminelle, la loi n'a nul égard aux ressorts qui ont pu faire mouvoir le faux témoin. Quant au faux témoignage dans toute autre matière, le nouveau Code prononce la réclusion: mais il punit plus sévèrement le faux témoin qui s'est laissé corrompre par argent, par une récompense quelconque ou par des promesses ; il prononce contre lui le minimum de la peine que doit subir le faux témoin en matière criminelle, c'est-à-dire, celle des travaux forcés à temps.

Quant à la subornation de témoins en quelque matière que ce soit, les coupables seront condamnés à une peine d'un degré supérieur à celles que subiront les faux témoins dans la même affaire : les uns et les autres ne seront condamnés à la même peine que lorsque les faux témoins devront être punis de mort. Cette subornation est une espèce de provocation si dangereuse qu'on a pensé que le coupable devait être puni plus sévèrement que la personne provoquée.

Enfin, une disposition relative au faux serment, et qui n'existait pas dans la loi de 1791, a été placée dans le nouveau Code : ce crime sera puni de la dégradation civile. Nulle peine ne convenait mieux au crime de faux serment que celle qui consiste dans la destitution et l'exclusion du condamné de toutes fonctions ou emplois publics, et dans la privation de plusieurs droits civiques, tels, par exemple, que celui d'être juré ou témoin : le coupable de faux serment s'est en effet rendu indigne de jouir de ces avantages.

La poursuite de ce crime appartient surtout au ministère public. Quant à la partie, ou le serment a été déféré par elle, ou il l'a été d'office. Dans le premier cas, la partie est repoussée par l'art. 1363 du Code Napoléon, qui porte que « lorsque le serment déféré ou référé » a été fait, l'adversaire n'est point recevable à en prouver la faus- » seté ». Cette disposition a pour but d'empêcher que la partie qui est condamnée par l'effet d'une déclaration à laquelle elle a consenti, ne cherche à recommencer le procès, sous prétexte que la déclaration est fausse ; ce qui ne manquerait presque jamais d'arriver. Dans le second cas, qui est celui où le serment a été déféré d'office par le juge, la partie intéressée peut être admise à prouver la fausseté de la déclaration ; mais elle doit se conformer aux règles prescrites par le Code de procédure civile.

À l'égard du ministère public, la question de savoir si la partie est ou non recevable à prétendre que le serment est faux, lui est étran- gère. L'intérêt de la société demande que le crime de faux serment ne reste pas impuni ; et quoique la partie ne puisse agir pour son intérêt privé, la peine due au crime ne doit pas moins être provo- quée par le ministère public.

La dernière partie du chapitre relatif aux attentats contre les personnes concerne le délit de calomnie.

Attentats contre l'honneur.

Les anciennes lois ne prononçaient contre la calomnie que des peines arbitraires.

Les lois rendues depuis 1789 n'en ont point parlé : il est résulté de là que la calomnie n'a pas été suffisamment réprimée, et que l'envie ou la haine n'a pas craint d'attaquer la réputation des hommes les plus recommandables. Depuis long-temps on desirait que le législateur mît un frein à de tels excès ; car, ou le fait qu'on s'est permis d'imputer à quelqu'un est défendu par la loi, ou il ne l'est pas : s'il est défendu, c'est aux juges qu'il appartient de vérifier le fait et d'appliquer la peine. Tout bon citoyen doit le dénoncer, et si, au lieu de le déclarer à la justice, il le répand dans le public, soit par ses propos, soit par ses écrits, il est évident que cette conduite est diri- gée par la méchanceté plutôt que par l'amour du bien. La malignité qui saisit avidement ce qu'on lui présente comme ridicule ou odieux, convertit bientôt les allégations en preuves, et bientôt le poison de la calomnie a fait des ravages qui souvent ne s'arrêtent pas à la per- sonne calomniée, mais portent la désolation dans toute sa famille. C'est surtout chez un peuple pour qui l'honneur est le plus grand des biens que la calomnie doit être sévèrement réprimée.

Le nouveau Code définit en ces termes le délit de calomnie.

« Sera coupable de délit de calomnie, celui qui, soit dans des » lieux ou réunions publiques, soit dans un acte authentique et

» public, soit dans un écrit, imprimé ou non, qui aura été affiché,
» vendu ou distribué, aura imputé à un individu quelconque des
» faits qui, s'ils existaient, exposeraient celui contre lequel ils sont
» articulés, à des poursuites criminelles ou correctionnelles, ou
» même l'exposeraient seulement au mépris ou à la haine des
» citoyens. »

On conçoit que cette disposition ne peut s'appliquer aux fonctionnaires ou autres qui, en donnant de la publicité à certains faits, ne font que remplir l'obligation où ils sont de les révéler ou de les réprimer.

A l'égard de ceux qui ne sont point dans le cas de l'exception, ils peuvent être poursuivis comme calomniateurs.

En vain prétendraient-ils que les faits sont notoires, en vain demanderaient-ils qu'on les admette à la preuve; ils ne seraient point écoutés : de pareils débats ne serviraient qu'à donner plus d'éclat à cette publicité même qui constitue le délit. Si cependant l'auteur de l'imputation dénonce les faits, les juges doivent surseoir au jugement du délit de calomnie, jusqu'à ce qu'il soit décidé si la personne à qui ces faits sont imputés est réellement coupable; car si elle était condamnée, on ne pourrait raisonnablement condamner le dénonciateur.

S'il est décidé que la personne dont l'honneur a été attaqué n'est pas coupable, soit parce que les faits ne sont point prouvés, soit parce qu'ils ne sont point défendus par la loi, l'auteur de l'imputation doit être déclaré convaincu de délit de calomnie, et puni des peines portées par la loi contre les calomniateurs. Ces peines sont un emprisonnement et une amende proportionnée à la gravité du fait déclaré calomnieux.

Le Code prononce une peine moindre contre celui qui, sans avoir donné auparavant de la publicité aux faits, s'est contenté de les dénoncer, et a depuis été reconnu les avoir dénoncés faussement. Le mal n'étant pas aussi considérable que dans le premier cas, la peine ne peut être aussi forte : elle ne doit pas cependant être trop faible, parce que c'est toujours un acte de méchanceté très-répréhensible.

Il est à remarquer cependant qu'il y a des faits qu'on peut répandre, quoique très-graves, sans être déclaré calomniateur ; ce sont ceux dont on est en état de rapporter la preuve légale: cette preuve légale résulte d'un jugement ou de tout autre acte authentique. Alors c'est au jugement, c'est à l'acte authentique que les faits doivent leur première publicité ; ils ne pouvaient plus ensuite qu'être rappelés : or, la loi ne peut imputer à délit ce qui par sa nature doit être connu.

Le Code prononce une amende de 16 à 500 fr. à l'égard des injures ou des expressions outrageantes qui ne renfermeraient l'imputation d'aucun fait précis, mais celle d'un vice déterminé, lorsqu'elles auront été proférées dans des lieux ou réunions publiques, ou insérées dans des écrits imprimés ou non, qui auraient été répandus et distribués.

Reprocher, par exemple, publiquement à quelqu'un un vice tel que l'ivrognerie ou la débauche, est un outrage qui ne doit pas être laissé impuni, si la personne offensée en demande réparation; mais l'injure n'est pas aussi grande que si quelques faits étaient précisés : le vague de l'injure en atténue la force, et l'amende est une peine suffisante.

Enfin, quelle que soit la quotité de l'amende qui sera prononcée comme peine de la calomnie ou de l'injure, elle ne nuira jamais au paiement des dommages - intérêts que la partie offensée aura pu obtenir ; il suffit de se rappeler qu'aux termes de l'article 54 du Code, qui s'applique à tous les crimes et délits, lorsque les biens des condamnés seront insuffisans pour acquitter la totalité des condamnations, les restitutions et dommages-intérêts seront préférés à l'amende et à la confiscation.

Nous observerons d'un autre côté que l'auteur de l'imputation d'un vice n'a nul moyen de s'affranchir de la peine. Demanderait-il qu'on l'admît à la preuve ? la loi ne le permet pas. Voudrait-il dénoncer ? on ne dénonce que des faits précis, et qualifiés crimes, délits ou contraventions. Cela ne peut s'appliquer à l'imputation d'un vice en général.

Nous n'avons point à nous occuper ici des autres injures que la loi punit, quoiqu'elles n'aient aucun caractère de publicité. Elles ne donnent lieu qu'à des peines de simple police, et ce sera l'objet du quatrième Livre.

Il nous reste à dire un mot sur les révélations de secrets.

A l'exception des révélations que la loi exige, parce qu'elles importent au salut public, tout dépositaire, par état ou profession, des secrets qu'on lui confie, ne peut les révéler sans encourir des peines de police correctionnelle. Ne doit-on pas en effet considérer comme un délit grave, des révélations qui souvent ne tendent à rien moins qu'à compromettre la réputation de la personne dont le secret est trahi, à détruire en elle une confiance devenue plus nuisible qu'utile, à déterminer ceux qui se trouvent dans la même situation à mieux aimer être victimes de leur silence que de l'indiscrétion d'autrui, enfin, à ne montrer que des traîtres dans ceux dont l'état semble ne devoir offrir que des êtres bienfaisans et de vrais consolateurs. La nécessité de la peine en pareille matière est encore mieux sentie qu'elle ne pourrait être développée.

Telle est, Messieurs, l'analyse des principales dispositions de la partie du nouveau Code relative aux attentats contre les personnes. Vous avez remarqué les différences essentielles qu'offre la comparaison de ces dispositions avec le Code pénal et le Code correctionnel de 1791. Les lacunes que l'expérience a fait connaître ont été remplies; les distinctions qu'elle a recommandées ont été faites. S'il s'est présenté quelques difficultés, les regards de Sa Majesté, à qui rien n'échappe de tout ce qui peut être utile, les ont aperçues, et son génie les a fait disparaître. Nous espérons, Messieurs, que tant de soins réunis assureront à cet important ouvrage l'avantage glorieux d'être honoré de votre assentiment.

MOTIFS du Livre III, Titre II, Chapitre II, présenté au Corps législatif par MM. FAURE , MARET *et* CORVETTO, *Conseillers d'Etat.*

Séance du 9 Février 1810.

MESSIEURS,

Dans la dernière séance nous avons eu l'honneur de vous soumettre un projet de loi destiné à faire partie du Code des Délits et des peines , et relatif aux attentats contre les personnes.

Sa Majesté nous charge aujourd'hui de vous présenter un autre projet dépendant du même Code : il est relatif aux attentats contre les propriétés.

Les dispositions qu'il renferme doivent être également considérées comme la sanction de la loi civile. Tandis que le Code Napoléon règle les différentes manières dont on peut acquérir la propriété , le Code pénal détermine les différens cas où l'atteinte portée à la propriété constitue un crime ou délit. Ces cas sont très-variés. Ce qui appartient à autrui peut être soustrait par fraude; il peut être enlevé par violence ; il peut être détruit par imprudence ou méchanceté. Chacun de ces actes est susceptible de nuances que le législateur doit saisir pour proportionner la peine au délit. Les motifs que nous allons donner des principales dispositions du projet, vous feront connaître les grandes et nombreuses améliorations que promet le nouveau Code.

Nous parlerons d'abord des actes qualifiés vol.

Vol.

« Celui-là est coupable de vol , dit la loi , qui soustrait frauduleu- » sement une chose qui ne lui appartient pas ».

Le mot *frauduleusement* prouve qu'il faut aussi , pour qu'il y ait vol, que la chose soustraite appartienne à autrui. Si elle n'appartient à personne, il ne peut y avoir de fraude; car l'expression est corré-lative, et suppose que quelqu'un peut être trompé ou dépouillé.

La soustraction frauduleuse étant un attentat à la propriété, doit être punie : elle doit l'être plus ou moins, suivant qu'elle est pré-cédée, accompagnée ou suivie de circonstances plus ou moins graves.

Avant de parler du degré d'influence que ces circonstances doivent avoir sur l'intensité de la peine, je ne puis me dispenser d'offrir à vos méditations un principe consacré par la nouvelle loi.

Ce principe consiste à rejeter l'action publique, et à n'admettre que l'action privée, c'est-à-dire l'action en dommages-intérêts, à l'égard de toute espèce de fraude commise par les maris au préjudice de leurs femmes, par les femmes au préjudice de leurs maris, par un veuf ou une veuve, quant aux choses qui avaient appartenu à l'époux décédé, enfin par les parens et alliés en ligne directe, ascendante ou descendante, les uns envers les autres.

Les rapports entre ces personnes sont trop intimes pour qu'il convienne, à l'occasion d'intérêts pécuniaires, de charger le minis-tère public de scruter des secrets de famille qui peut-être ne devraient jamais être dévoilés; pour qu'il ne soit pas extrêmement dangereux qu'une accusation puisse être poursuivie dans des affaires où la ligne qui sépare le manque de délicatesse du véritable délit, est souvent très-difficile à saisir; enfin, pour que le ministère public puisse pro-voquer des peines dont l'effet ne se bornerait pas à répandre la consternation parmi tous les membres de la famille, mais qui pour-raient encore être une source éternelle de divisions et de haines.

Loin que le silence du ministère public préjudicie à la partie privée, il ne pourra que lui être utile, puisque son action en répara-tions civiles lui est réservée, et qu'elle n'aura point à craindre, en la formant, que ses répétitions ne soient absorbées par les frais pri-vilégiés d'une procédure criminelle.

Ces considérations puissantes ont nécessité la disposition spéciale dont nous venons de rendre compte. Mais comme une telle exception doit être renfermée dans le cercle auquel elle appartient, il en résulte que toute autre personne qui aurait recélé ou appliqué à son profit des objets provenant d'un vol dont le principal auteur serait compris dans l'exception, subirait la même peine que si elle-même eût commis le vol.

Souvent ces sortes de vols n'auraient pas lieu, si quelques étran-gers ne les conseillaient ou ne les facilitaient.

La peine, au surplus, ne s'appliquera point à ceux qui auraient reçu les objets volés ou qui en auraient profité sans savoir qu'ils fussent volés.

Vous vous rappelez, Messieurs, qu'il résulte des articles 60 et 62
du

du Code, qu'on ne peut être puni pour avoir aidé, assisté ou facilité une action défendue par la loi, ou recelé une chose volée, que lorsqu'on l'a fait avec connaissance.

Après avoir parlé d'un cas particulier d'exception, nous allons faire connaître les peines établies par le nouveau Code, en matière de vol.

Si le vol n'est accompagné d'aucune circonstance aggravante, il sera puni de peines de police correctionnelle, comme il l'a été jusqu'à ce jour.

Mais, si une ou plusieurs de ces circonstances existent, la rigueur de la peine devant être proportionnée à la gravité du crime, voici les bases sur lesquelles repose l'échelle proportionnelle.

La circonstance qui aggrave le plus le vol est la violence, parce qu'alors le crime offre tout à la fois un attentat contre la personne et un attentat contre la propriété.

Aussi le vol fait avec violence, quoique nulle autre circonstance n'existe et qu'il n'ait laissé aucune trace de blessure, sera puni de la peine des travaux forcés à temps, ainsi qu'il l'était par la loi de 1791.

Mais si le vol, outre la violence, a été accompagné de plusieurs autres circonstances aggravantes, par exemple, s'il a été commis la nuit et avec armes, ou si seulement la violence a laissé quelques traces de blessures ou de contusion, ce n'est plus la peine des travaux forcés à temps, mais celle des travaux forcés à perpétuité qui sera prononcée.

En effet, lorsque le vol porte un tel caractère, il est d'une nature si grave que toute peine moins sévère ne serait pas assez répressive.

La loi du 26 floréal an V prononce la peine de mort à l'égard de tout vol commis dans une maison à l'aide de violences exercées sur les personnes qui s'y trouvaient, et lorsque ces violences auront laissé des traces; cette même loi veut aussi que la peine de mort ait lieu, si ceux qui ont commis le vol avec violence se sont introduits dans la maison par la force des armes.

Suivant le nouveau Code, le vol avec violence n'emportera la peine de mort, que lorsqu'il aura été commis avec une réunion de circonstances dont l'ensemble présente un caractère si alarmant que le crime doive être mis au même rang que l'assassinat.

Il faudra donc que le vol avec violence ait été en même temps commis la nuit par deux ou plusieurs personnes, avec armes apparentes ou cachées, et de plus à l'aide d'effraction extérieure, ou d'escalade, ou de fausses clefs, ou en prenant un faux titre ou un faux costume, ou en alléguant un faux ordre.

Toutes ces circonstances réunies forment un corps de délit si

10

grave, que la loi punit les coupables de la même peine que celui qui a commis un assassinat.

Il n'est pas même nécessaire, lorsque ce concours de circonstances existe, que les coupables aient commencé à exercer des violences; il suffit qu'ils aient menacé de faire usage de leurs armes.

A l'égard des vols commis dans les chemins publics, ces sortes de crimes qui portent toujours un caractère de violence, et qui menacent la sûreté individuelle, seront punis de la peine des travaux forcés à perpétuité: ici nous supposons qu'il n'y a eu de la part du coupable aucune attaque à dessein de tuer; autrement il subirait la peine due aux assassins.

Si le vol n'a été commis ni dans un chemin public ni avec violence, mais avec une ou plusieurs des circonstances dont nous venons de parler, la peine sera plus ou moins forte suivant que ces circonstances, soit par leur réunion, soit par leur nature particulière, influeront sur la gravité du délit.

Nous ajouterons que le vol, quoique dénué de toutes ces circonstances, sera puni plus rigoureusement que le vol simple, à raison de la qualité de l'auteur du vol et de la confiance nécessaire qu'a dû avoir en lui la personne volée, si, par exemple, le vol a été commis par un domestique envers son maître, ou par un aubergiste envers la personne qu'il aura logée, ou enfin si c'est cette dernière qui a volé l'aubergiste.

Tous ces crimes seront punis de la réclusion : une peine plus forte empêcherait souvent qu'ils ne fussent dénoncés; c'est ce dont l'expérience n'a fourni que trop d'exemples.

Quant au vol d'objets exposés à la foi publique, la loi de 1791 les punissait tous indistinctement d'une peine afflictive. Beaucoup de ces crimes restèrent impunis, parce que la peine était trouvée trop forte, et que l'on aimait mieux acquitter les coupables que de leur faire subir un châtiment qui excédait celui qu'ils paraissaient avoir mérité. La loi du 25 frimaire an VIII parut, et la connaissance de tous ces délits indistinctement fut attribuée aux tribunaux de police correctionnelle. Alors un nouvel inconvénient se fit apercevoir; la peine était insuffisante en plusieurs cas, et l'insuffisance de la peine produisit le même effet que l'impunité : dès lors ces sortes de délits se renouvelèrent fréquemment, et les tribunaux ont élevé de justes plaintes à cet égard.

La distinction que le nouveau Code établit apportera un remède efficace au mal.

Ou le vol aura été commis à l'égard d'objets qu'on ne pouvait se dispenser de confier à la foi publique, tels que les vols de bestiaux, d'instrumens d'agriculture, de récoltes, ou de partie de récoltes qui se trouvaient dans les champs; en un mot, de choses qu'il est impossible de surveiller soi-même ou de faire surveiller. En ce cas, les coupables seront punis d'une peine afflictive.

Ou les objets volés pouvaient être gardés, de sorte que c'est volontairement qu'on les aura confiés à la foi publique. Dans ce dernier cas, ce n'est plus qu'un vol simple, qui dès lors sera puni de peines de police correctionnelle.

Jusqu'à présent on avait regretté que des circonstances qui influaient sur la gravité du délit ne fussent pas définies ; des interprétations arbitraires suppléaient à l'absence des définitions, ce qui était un grand mal, surtout en matière criminelle.

Le remède se trouvera dans le nouveau Code. Ainsi, par exemple, on s'est demandé sans cesse si l'effraction, pour être qualifiée extérieure, devait nécessairement être faite à l'entrée de la porte principale de la maison, ou si cette qualification appartenait également à l'effraction à l'aide de laquelle on s'était introduit dans les appartemens ou logemens particuliers. Le Code répond que l'effraction extérieure existe aussi dans ce dernier cas, parce que l'appartement particulier qu'on occupe dans une maison est, pour celui qui l'habite, sa maison même, et que beaucoup de maisons sont trop considérables, surtout dans les grandes villes, pour que la porte principale de l'édifice puisse rester fermée constamment, et que l'édifice entier puisse être habité par la même famille.

Une autre difficulté s'était présentée dans les cours criminelles : elles n'étaient pas d'accord sur la question de savoir s'il fallait considérer comme vol fait à l'aide de fausses clefs, celui qu'on aurait commis avec des clefs non imitées, ni contrefaites, ni altérées, mais qui n'avaient pas été destinées aux fermetures auxquelles elles ont été employées.

Le Code décide cette question et prononce l'affirmative. En effet, détourner une clef de sa destination pour l'employer à commettre un crime, n'est autre chose que convertir une clef véritable en une fausse clef ; en un mot, toute clef n'est véritable que relativement à sa destination.

La seule différence que la loi admet entre cette clef dont il y a eu abus, et une clef contrefaite ou altérée, est que celle-ci est toujours fausse clef, et que la première ne le devient qu'au moment qu'on l'emploie comme on aurait fait d'une clef contrefaite.

A l'égard des fausses clefs, proprement dites, la loi condamne celui qui les fabrique à des peines de police correctionnelle ; elle veut même que si c'est un serrurier, il subisse la peine de la réclusion : la faute doit être punie plus rigoureusement à raison de la facilité qu'on a eue de la commettre, et la confiance nécessairement attachée à cet état exige d'autant plus de précautions.

Nous terminerons cette partie en observant que la tentative de vol sera punie comme le vol même, quoique le vol n'eût donné lieu qu'à des peines de police correctionnelle. Une disposition spéciale était nécessaire sur ce point, vu que l'article 3 du Code en exige une à l'égard des tentatives de délits.

Nous allons examiner une autre espèce d'attentats à la propriété : ce sont ceux qui ont lieu par suite d'opérations de commerce, ou à l'aide d'entreprises réelles ou simulées ; ce sont d'une part les banqueroutes, et de l'autre les escroqueries.

L'escroquerie est à la vérité comprise dans la banqueroute frauduleuse, mais ce dernier crime est beaucoup plus grave par la cause et par ses effets.

Banqueroutes et escroqueries.

Le Code de commerce distingue deux espèces de banqueroutes; la banqueroute simple et la banqueroute frauduleuse.

Les articles 586 et 587 de ce Code déterminent les divers cas qui constituent la banqueroute simple ; ils consistent tous dans des imprudences ou négligences graves.

L'article 593 détermine ceux qui constituent la banqueroute frauduleuse.

Le mot *frauduleux* indique assez en quoi ils consistent : nous nous abstiendrons de rapporter les dispositions de cet article, à cause des nombreux détails qu'elles renferment.

Le nouveau Code prononce, comme a fait la loi de 1791, la peine des travaux forcés à temps contre les banqueroutiers frauduleux : on sent combien il est nécessaire d'établir une peine rigoureuse contre un crime destructif de cette confiance qui est l'âme du commerce, crime dont le contre-coup se fait souvent ressentir sur tant de familles réduites à leur tour à l'impossibilité de remplir leurs engagemens.

Le nouveau Code porte contre le banqueroutier simple un emprisonnement d'un an au moins, et de deux ans au plus : il s'est conformé littéralement à la disposition de l'art. 592 du Code de Commerce.

On conçoit que l'amende ne pouvait, pour ce délit, être ajoutée à l'emprisonnement ; car, comment serait-il possible d'obtenir le paiement d'une amende de celui qui n'est pas en état de s'acquitter envers ses créanciers ?

Une autre disposition, relative à la faillite des agens de change ou courtiers, est une conséquence nécessaire des dispositions du Code de Commerce. Vous vous rappellez, Messieurs, qu'il est expressément établi par les art. 85 et 86 de ce Code, qu'un agent de change ou courtier ne peut, dans aucun cas ni sous aucun prétexte, faire des opérations de commerce ou de banque pour son compte ; qu'il ne peut s'intéresser directement ni indirectement, sous son nom ou sous un nom interposé, dans aucune entreprise commerciale ; qu'il ne peut recevoir ni payer pour le compte de ses commettans ; qu'enfin , il ne peut se rendre garant de l'exécution des marchés où il s'entremet.

S'il est absolument défendu à l'agent de change ou courtier de faire le commerce, il ne peut donc faire faillite qu'en prévaricant.

Passons ensuite à l'art. 89 du même Code : il porte « qu'en cas de » faillite , tout agent de change ou courtier est poursuivi comme ban- » queroutier ». L'article n'avait pas besoin d'ajouter le mot *frauduleux* ; car la disposition relative à la banqueroute simple ne peut évidemment s'appliquer à un cas de prévarication dans l'exercice de fonctions si importantes et si délicates, à un cas de prévarication dont les effets peuvent être si désastreux pour les maisons de commerce. Il résulte de là que l'agent de change ou courtier, s'il est en état de faillite, doit être puni comme le banqueroutier frauduleux ; et que , s'il est en état de banqueroute frauduleuse , il doit être puni d'une peine plus forte que celle établie pour les cas ordinaires.

Ainsi , d'après le nouveau Code , la simple faillite, de la part de l'agent de change ou courtier , emportera la peine des travaux forcés à temps , et la banqueroute frauduleuse emportera celle des travaux forcés à perpétuité.

A l'égard de l'escroquerie, on a tâché , dans la nouvelle définition de ce qui constitue ce délit , d'éviter les inconvéniens qui étaient résultés des rédactions précédentes.

Celle de la loi du 22 juillet 1791 était conçue de manière qu'on en a souvent abusé, tantôt pour convertir les procès civils en procès correctionnels, et par là procurer à la partie poursuivante la preuve testimoniale et la contrainte par corps, au mépris de la loi générale , tantôt pour éluder la poursuite de faux en présentant l'affaire comme une simple escroquerie, et par là procurer au coupable une espèce d'impunité, au grand préjudice de l'ordre public.

La loi du 2 frimaire an II ne remédia qu'à un seul de ces inconvéniens : elle put bien empêcher la confusion du faux avec l'escroquerie ; mais elle n'empêcha pas que la loi générale ne fût encore éludée.

Cet abus cessera sans doute d'après la rédaction du nouveau Code. La suppression du mot *dol* qui se trouvait dans les deux premières rédactions, ôtera tout prétexte de supposer qu'un délit d'escroquerie existe par la seule intention de tromper. En approfondissant les termes de la définition , on verra que la loi ne veut pas que la poursuite en escroquerie puisse avoir lieu , sans un concours de circonstances et d'actes antécédens qui excluent toute idée d'une affaire purement civile.

A la suite de cette définition, on trouvera la réserve de peines plus graves, s'il y a crime de faux ; et les caractères auxquels ce crime peut être reconnu sont indiqués dans le chapitre concernant le faux, de manière à faire disparaître jusqu'à la plus légère incertitude.

Abus de confiance.

Le Code renferme plusieurs dispositions nouvelles sur les abus de confiance.

L'une atteint ceux qui auront abusé des besoins, des faiblesses ou des passions d'un mineur, pour lui faire souscrire des actes préjudiciables à ses intérêts.

Depuis long-temps on gémissait de voir que cette espèce de corrupteurs de la jeunesse pouvait impunément ruiner les fils de famille. En vain le Code Napoléon déclare que la simple lésion donne lieu à la rescision en faveur du mineur émancipé, contre toutes sortes de conventions ; ces hommes sans pudeur se font payer plus cher leurs avances, à raison des risques qu'ils courent ; ils prennent toutes leurs précautions pour éluder l'application de la loi civile. Mais la crainte d'une peine correctionnelle pourra les retenir, et les jeunes gens ne trouveront plus autant de facilité à se procurer des ressources désastreuses pour leur fortune, et quelquefois plus funestes encore sous le rapport des mœurs.

Une autre disposition, quoique applicable à un fait plus rare, était également sollicitée par l'expérience : elle contient deux décisions à la fois. Voici l'exemple.

Un blanc seing est destiné à être rempli d'un mandat, si le besoin l'exige : il se trouve entre les mains d'un tiers ; celui-ci le remplit d'une obligation. Le signataire réclame ; il prouve la fraude. Comment ce délit sera-t-il qualifié ? Ce sera, répond le Code, un abus de confiance, si le blanc seing a été confié au tiers par le signataire qui l'a chargé d'écrire au dessus de sa signature, non pas une obligation, mais un mandat. Dans ce cas, l'écriture est celle qui devait se trouver sur l'acte ; seulement le tiers a fait ce qu'il ne lui était pas permis de faire : cette fraude est une véritable escroquerie. Mais c'est un faux, si le tiers n'a pas été chargé de remplir le blanc : il n'y a point abus de confiance, puisque rien n'a été confié ; il y a faux, parce que la main qui a tracé l'écriture n'est point celle par qui le blanc devait être rempli, et qu'ainsi le blanc contient un corps d'écriture qu'il ne devait pas contenir.

Nous ne parlerons point ici de la peine que le coupable subira, s'il a commis un faux : cette peine est déterminée dans un autre titre.

S'il a commis seulement un abus de confiance, il sera condamné à des peines de police correctionnelle.

Nous passerons sous silence les modifications faites à la loi du 9 germinal an VI sur les loteries étrangères, et à celle du 16 pluviôse an XII sur les maisons de prêt.

Les dispositions principales de ces lois ont été placées dans le nouveau Code.

Nous nous abstiendrons également de parler de la disposition relative à ceux qui, dans les adjudications, auront entravé ou troublé la liberté des enchères. Le fond de cet article a été puisé dans la loi correctionnelle de 1791 et dans la loi particulière du 24 avril 1793. La nouvelle rédaction est beaucoup plus complette, et remplit plusieurs lacunes.

Préjudice porté aux manufactures, au commerce et aux arts.

Le Code s'occupe ensuite de divers délits qui portent un préjudice notable, non pas seulement aux intérêts de quelques personnes en particulier, mais encore à ceux du commerce en général. Plus les gouvernemens ont senti combien la prospérité de l'Etat était intimement liée à celle du commerce, plus ils ont pris de précautions pour prévenir les fraudes qui pouvaient y porter atteinte. Sans doute ces fraudes rejaillissent tôt ou tard sur leurs auteurs, parce qu'elles leur font perdre le crédit nécessaire au succès de leurs opérations; mais lorsqu'elles ont pour but de tromper sur la qualité, les dimensions ou la nature de la fabrication, à l'égard des produits de nos manufactures qui s'exportent à l'étranger, un si grand mal ne doit point rester impuni. C'est pour cette raison, et pour plusieurs autres dont nous parlerons dans un instant, que la loi du 22 germinal an XI fut rendue. Les abus qu'elle prit soin de réprimer avaient été l'objet de vives réclamations, et il ne fallait rien moins que la crainte d'une juste peine pour en arrêter le cours.

Plusieurs dispositions de cette loi salutaire ont été rapportées dans le nouveau Code; d'autres que le besoin a sollicitées y ont également trouvé place.

Le nouveau Code défend, comme l'a fait la loi de 1791, les coalitions entre les maîtres contre les ouvriers, et entre les ouvriers contre les maîtres.

Les maîtres se coalisent pour faire baisser le salaire des ouvriers, et les ouvriers pour faire augmenter leur paye.

Si cependant le salaire des ouvriers est trop modique, et qu'ils ne puissent subsister en France, ils iront chercher leurs moyens de subsistance en pays étranger. Si les maîtres sont obligés de donner aux ouvriers une paye trop forte, ils seront réduits à la triste nécessité, ou de se ruiner, s'ils veulent soutenir la concurrence avec les autres établissemens du même genre à qui les ouvriers ne font point la loi, ou de fermer leurs ateliers, au grand préjudice des ouvriers eux-mêmes.

Tel est l'effet que produisent aussi ces sortes de défenses ou d'interdictions que les ouvriers prononcent contre les directeurs d'ateliers et entrepreneurs d'ouvrages, et qu'ils prononcent même quelquefois les uns contre les autres : ils croient par là servir leur intérêt aux dépens de leur maître, et ils ne nuisent pas moins à leur propre intérêt.

Le Code prononce contre tous ces abus des peines de police correctionnelle, graduées suivant la nature du délit.

La loi regarde comme coupable de délit celui qui, dans la vue de nuire à l'industrie française, fait passer en pays étranger des directeurs, des ouvriers ou commis d'un établissement. Si chacun doit être libre de faire valoir son industrie et ses talens partout où il croit pouvoir en retirer le plus d'avantage, il convient de punir celui qui débauche des hommes nécessaires à un établissement, non pour procurer à ces hommes un plus grand bien, souvent incertain, mais pour causer la ruine de l'établissement même. Ces actes de méchanceté sont punis de peines de police correctionnelle.

La loi punit aussi correctionnellement celui qui communique à des Français résidens en France les secrets de la fabrique où il est employé : celui-ci ne fait point tort aux fabriques nationales en général, mais il préjudicie en particulier à la fabrique à laquelle ce secret appartient; il enlève à l'un le fruit de son invention pour enrichir un autre à qui cette invention est étrangère; il décourage l'industrie par la crainte d'être frustrée de sa légitime récompense.

Mais la peine de la réclusion, c'est-à-dire une peine afflictive ou infamante, attend quiconque aura communiqué de tels secrets à des étrangers ou à des Français résidans en pays étrangers. Ce n'est plus à un ou plusieurs particuliers qu'il fait tort ; il nuit à la nation entière, qu'il prive d'une source de richesses; il contribue à diminuer la prospérité nationale, en contribuant à faire pencher la balance du commerce en faveur du pays étranger auquel il a sacrifié l'intérêt de la France.

Elles n'ont pas non plus échappé à la prévoyance du Code, ces manœuvres coupables qu'emploient des spéculateurs avides et de mauvaise foi pour opérer la hausse ou la baisse du prix des denrées ou des marchandises, ou des papiers et effets publics, au dessus ou au dessous des prix qu'aurait déterminés la concurrence naturelle et libre du commerce. Le Code cite pour exemples de ces manœuvres les bruits faux ou calomnieux semés à dessein dans le public, les coalitions entre les principaux détenteurs de la mar-

chandise

chandise ou denrée : il ajoute toute espèce de voie ou moyens frauduleux, parce qu'en effet ils sont si multipliés qu'il ne serait guère plus facile de les détailler que de les prévoir.

La disposition ne peut s'appliquer à ces spéculations franches et locales qui distinguent le vrai commerçant : celles-ci, fondées sur des réalités, sont utiles à la société. Loin de créer tour à tour les baisses excessives et les hausses exagérées, elles tendent à les contenir dans les limites que comporte la nature des circonstances, et par là servent le commerce, en le préservant des secousses qui lui sont toujours funestes.

Une disposition du Code punit aussi de peines de police correctionnelle les paris qui auront été faits sur la hausse ou la baisse des effets publics.

La disposition suivante contient une explication essentielle ; voici les termes : « Sera réputée pari de ce genre, toute convention de » vendre ou de livrer des effets publics qui ne seront pas prouvés » par le vendeur avoir existé à sa disposition au temps de la con- » vention, ou avoir dû s'y trouver au temps de la livraison. »

Il résulte de cette définition que le but de la loi est de réprimer une foule de spéculateurs qui, sans avoir aucune espèce de solvabilité, se livrent à ces jeux, et ne craignent point de tromper ceux avec lesquels ils traitent. La loi soumet le vendeur seul à la preuve qu'elle exige, parce que c'est lui qui promet de livrer la chose ; mais si la promesse de livrer existe de la part des deux contractans, la preuve est nécessaire pour l'un et pour l'autre, car tous deux sont respectivement vendeurs et acheteurs.

Ce moyen de répression, loin de nuire en aucune manière aux opérations des spéculateurs honnêtes et délicats, les rendra moins périlleuses, en les délivrant du concours de ceux qui n'ayant rien à perdre osent tout risquer.

Le Code contient aussi des dispositions non seulement contre ceux qui font usage de faux poids ou de fausses mesures, mais encore contre ceux qui se servent d'autres poids ou d'autres mesures que ceux qui ont été établis par les lois de l'Etat. Ces deux actes n'étant pas susceptibles d'une assimilation parfaite, il a dû être établi quelque différence dans les peines : un mot suffira pour en faire sentir la nécessité.

En effet l'usage de faux poids ou de fausses mesures comprend nécessairement une fraude. Il n'en est pas de même de l'usage des poids ou mesures anciennes : celui-ci peut n'être pas accompagné de fraude, et si la fraude n'existe pas, ce n'est point un délit, c'est une contravention. Sans doute, cette contravention doit être réprimée ; car la loi sur l'uniformité des poids et mesures est d'une utilité qui ne peut être méconnue que par l'ignorance et les pré-

11

jugés , et ceux qui ne s'empressent pas de se conformer à cette
loi , s'étonneront un jour d'avoir pu douter de sa sagesse. Au
reste , lorsqu'ils sont trompés , ils ne peuvent pas prétendre que la
loi doit venir à leur secours , comme s'ils l'avaient été par l'usage
de faux poids ou de fausses mesures ayant la forme légale. Dans
ce dernier cas, la loi les considérerait comme victimes d'une fraude
dont ils n'ont pas dû se défier ; mais lorsqu'ils consentent à ce qu'on
emploie à leur égard des poids ou mesures que la loi prohibe, ils se
rendent complices d'une contravention : ils ont dû prévoir les risques
auxquels ils se sont exposés, et la loi leur refuse toute action pour en
obtenir la réparation. Ainsi le vendeur, et même l'acheteur, quoique
trompé , seront punis ; le premier, pour avoir commis une fraude et
une contravention , et on lui appliquera la peine relative à l'usage
des faux poids et des fausses mesures ; quant au second, c'est-à-dire ,
à l'acheteur, il sera condamné pour sa contravention à une peine de
simple police.

Je passe au délit de contrefaçon. Il est évident que ce délit offre un
attentat à la propriété. On peut contrefaire des ouvrages gravés ou
peints, comme des ouvrages imprimés. Les règles d'après lesquelles
la propriété d'un auteur est légalement reconnue, celles qui déterminent l'étendue et les bornes de cette propriété , ne sont point
l'objet du Code pénal; il ne s'agit ici que des peines qui doivent être
subies par les contrefacteurs : ces peines sont une amende et la confiscation de la chose contrefaite. Nous avons déjà dit dans une autre
occasion que la confiscation et l'amende ne tournent jamais au
profit de l'Etat, qu'après que la partie lésée a été entièrement in-
demnisée.

Il est à considérer que le délit de contrefaçon exige une surveillance d'autant plus sévère , que son effet ne se borne pas à porter
préjudice au propriétaire légitime. L'impunité d'un tel délit nuirait
tout à la fois aux arts et au commerce, par le découragement qu'il
apporterait parmi les auteurs et les éditeurs, puisqu'il n'en est aucun
qui ne dût craindre pour lui le même sort. Disons plus, cette fraude
rejaillirait sur l'Etat lui-même , qui tire son plus grand lustre de la
prospérité des arts et du commerce.

Délits des Fournisseurs.

Le Code a prévu aussi une espèce de fraude dont la poursuite est
réservée au Gouvernement seul, parce que l'intérêt de l'Etat est le
seul qui en souffre ; je parle de l'inexécution des engagemens con-
tractés par les fournisseurs envers le Gouvernement. Si cette inexécution fait manquer le service, et qu'ils ne prouvent pas qu'elle est
l'effet d'une force majeure , la loi les punit très-sévèrement ; car il

peut résulter les conséquences les plus fâcheuses de ce que le service n'a pas été fait au jour marqué : le succès d'une bataille dépend quelquefois de l'exactitude la plus scrupuleuse à cet égard ; un moment perdu est souvent irréparable, ou ne peut se réparer que par de grands sacrifices ; en un mot, il est impossible de calculer les suites d'une faute de cette espèce, et la peine que la loi porte contre les coupables est celle de la réclusion : elle ajoute une amende ; cet accessoire tient à la nature du délit, vu que les retards proviennent presque toujours de l'espoir d'augmenter les profits. Nous avons dit que les fournisseurs ne sont pas punis, lorsqu'il est évident qu'une force majeure a seule causé ces retards ; ils ne le sont pas non plus, s'ils prouvent que la faute ne doit être imputée qu'à leurs agens : alors, ce sont ces derniers qui doivent subir la peine. Mais la peine est plus forte, si le crime a été facilité par des fonctionnaires publics ou des agens du Gouvernement : c'est un bien plus grand crime de participer au mal, lorsque par état on devait l'empêcher. La peine portée contre ces derniers est celle des travaux forcés à temps.

Nous n'avons pas besoin d'observer que ces dispositions relatives aux fournisseurs ne concernent que les fautes qu'ils peuvent avoir commises : s'ils avaient été d'intelligence avec l'ennemi, il faudrait se reporter au chapitre des crimes contre la sûreté de l'État.

Destructions et dommages.

Le Code, après s'être occupé des attentats à la propriété, qui ont pour objet de s'enrichir aux dépens d'autrui, soit par fraude, soit par violence, s'occupe de ceux qui n'ont pour but que de satisfaire la vengeance ou la haine, et qui dès lors dérivent uniquement de la méchanceté : dans cette dernière espèce de crimes ou délits, le coupable ne prend point une chose qui appartient à autrui, afin d'en jouir lui-même ; mais il détruit cette chose pour qu'un autre n'en jouisse pas. Au premier rang de ces attentats est le crime d'incendie : ce crime, comme celui de l'empoisonnement, est l'acte qui caractérise la plus atroce lâcheté ; il n'en est point de plus effrayant, soit par la facilité des moyens, soit à cause de la rapidité des progrès, soit enfin par l'impossibilité de se tenir continuellement en garde contre le monstre capable d'un si grand forfait. L'empoisonnement même, sous certains rapports, semble n'être pas tout à fait aussi grave ; car il n'offense que la personne qui doit en être la victime, tandis que l'autre crime s'étend jusqu'aux propriétés de ceux à qui l'on n'a voulu faire aucun mal, et tend à envelopper plusieurs familles dans une ruine commune ; il expose même la vie des personnes qui se trouvent dans le lieu incendié, et qui peuvent n'avoir pas le temps d'échapper aux flammes ; ou si ce sont des récoltes qu'il incendie, ce feu peut se communiquer d'un champ à l'autre, et plonger un canton tout entier dans un état de détresse absolu. Un crime aussi exécrable mérite la mort, et telle est en effet la peine prononcée par le Code.

Si le crime d'incendie doit à juste titre être mis au même rang que l'assassinat, les menaces d'incendie doivent, par le même motif, être punies des mêmes peines que les menaces d'assassinat. Je ne répéterai point les observations que j'ai présentées dans la précédente séance, au sujet des menaces d'attentats contre les personnes.

On peut détruire des propriétés autrement que par le feu : comme les conséquences que ce crime entraîne ne sont pas en général aussi désastreuses que celles qui résultent du crime d'incendie, il emporte seulement la peine de la réclusion. Si cependant il en est résulté un homicide ou des blessures, celui par le fait duquel cet homicide ou ces blessures ont eu lieu, est considéré par la loi comme les ayant fait avec préméditation ; car en détruisant ou renversant un édifice, il savait que ces accidens pouvaient arriver, et l'acte de méchanceté dont il s'est rendu coupable ayant en effet produit ces accidens, ils doivent lui être imputés comme s'il les avait occasionnés à dessein.

Le Code défend aussi, sous des peines de police correctionnelle, de s'opposer, par des voies de fait, à l'exécution d'ouvrages que le Gouvernement a autorisés : si le Gouvernement a été induit en erreur, il faut recourir aux autorités compétentes. Les retards, occasionnés par les voies de fait, doivent d'autant moins rester impunis, qu'ils peuvent causer un grand préjudice à l'intérêt public.

Si les propriétés qui ont été détruites sont des actes ou titres, la loi punit plus sévèrement la destruction des actes authentiques ou des effets de commerce ou de banque, que celle de toute autre pièce ; parce que ces actes ou effets sont plus précieux, à raison des privilèges particuliers que la loi leur attache, et que dès lors leur perte produit un bien plus grand mal. Aussi, leur destruction est-elle punie d'une peine afflictive, tandis que celle des autres pièces ne donne lieu qu'à des peines de police correctionnelle.

Mais, lorsqu'il s'agit de propriétés qu'on a, non pas détruites, mais pillées ou dévastées, ce qui, relativement au propriétaire, produit souvent le même effet ; si le pillage ou le dégât a été commis à force ouverte, ce cas présente deux crimes à la fois : 1° l'action de piller ou dévaster ; 2° une sorte de rebellion qui a été employée pour en faciliter l'exécution. Cette complication demande une peine plus rigoureuse ; et en conséquence, le Code prononce la peine des travaux forcés à temps. La loi se relâche un peu de sa rigueur en faveur de ceux qui prouveront avoir été entraînés, par des provocations ou sollicitations, à prendre part à ces sortes de pillages : elle au-

torise les juges à ne condamner les coupables qu'à la peine de la réclusion ; je dis *autorise*, car elle ne leur en impose pas la nécessité : ils
se détermineront suivant les circonstances, qui sont variées à l'infini.
Enfin, si les choses pillées sont des objets de première nécessité, les
coupables sont condamnés à une peine perpétuelle, et cette peine
est la déportation. Ces crimes peuvent en effet avoir les suites les
plus désastreuses : ils peuvent amener la guerre civile ; et il convient
d'exclure à jamais de la société, des hommes qui, par leurs excès,
commettent le double crime de porter atteinte à la propriété individuelle et d'exposer l'État aux plus grands dangers.

Je ne m'arrêterai point aux dispositions qui prononcent des peines
de police correctionnelle contre ceux qui détruisent des productions
de la terre nécessaires aux besoins de la vie, ou des instrumens utiles
à l'agriculture, ou qui font périr des animaux dont ils privent, sans
aucune nécessité, le maître auquel ils appartiennent. La plupart de
ces délits étaient prévus par les anciennes lois, mais plusieurs n'é-
taient pas assez punis ; par exemple, l'ordonnance de 1669 ne prononçait point l'emprisonnement dans le cas d'arbres abbatus ou
mutilés de manière à les faire périr ; l'amende qu'elle prononçait était
insuffisante : de là tant d'abus auxquels le nouveau Code remédiera.

A l'égard du délit qui se commet en inondant les propriétés
d'autrui, faute d'avoir observé les réglemens de l'autorité compétente
sur la hauteur à laquelle on peut élever le déversoir, la loi n'avait
jusqu'à présent parlé que de moulins et usines ; le nouveau Code
parle aussi des étangs : la raison est la même, et de nombreuses réclamations se sont élevées pour leur rendre commune la disposition de
la loi.

Quant aux droits de l'administration à cet égard, le Code pénal
n'avait point à s'en occuper : des lois et décrets particuliers en déterminent l'étendue et les limites.

Je dois ajouter une observation.

La loi du 6 octobre 1791 ne distingue point, lorsque l'inondation a
causé des dégradations, ou lorsqu'elle n'en a point occasionné : ces deux
cas sont trop differens pour que la peine doive être la même ; le
nouveau Code établit la distinction. Si aucune dégradation n'a eu
lieu ; si, par exemple, il n'est résulté de l'inondation d'autre mal
que d'avoir interrompu pendant quelque temps la communication
par un chemin ou passage, une amende seule sera prononcée, ainsi
que le veut la loi du 6 octobre.

Mais s'il y a eu des dégradations, le mal étant plus considérable,
la désobéissance à l'autorité doit être plus sévèrement punie ; le
Code porte un emprisonnement outre l'amende : cet emprisonnement, quoique de courte durée, suffira pour l'efficacité de l'exemple.

Il ne me reste plus qu'à dire un mot sur quelques délits qu'on ne peut attribuer à la méchanceté , mais qui sont l'effet de l'imprudence ou du défaut de précaution.

De tous temps il a existé des ordonnances et des règlemens qui ont prescrit l'observation de différentes règles pour prévenir les incendies : si l'une de ces règles avait été négligée, et qu'un incendie eût eu lieu , les contrevenans étaient condamnés à l'amende. Telle était, entr'autres , l'ordonnance de police du 15 novembre 1781, concernant les incendies , règlement fait pour la ville de Paris. La loi du 6 octobre 1791 a depuis généralisé une partie de ses sages dispositions , et elles se retrouveront dans le nouveau Code.

Le Code s'est enfin occupé des précautions qui ont pour objet de prévenir les maladies épizootiques : les lois et règlemens qui concernent ces maladies , sont une branche particulière de législation à laquelle le Code n'a point entendu porter atteinte ; il se borne à quelques mesures générales, applicables à tous les temps et à tous les lieux. Une personne a-t-elle en sa possession des animaux ou bestiaux infectés de maladie contagieuse ou soupçonnés de l'être , elle doit en avertir sur-le-champ le maire de la commune où ils se trouvent, et sans attendre que le maire ait répondu , les tenir renfermés. Autrement , dans l'intervalle qui s'écoulerait entre l'avertissement et la réponse, la communication libre qu'on leur laisserait , pourrait occasionner une contagion parmi les autres animaux : première précaution ordonnée sous peine d'un emprisonnement et d'une amende.

Si l'administration trouve que ces animaux ne sont infectés d'aucune maladie contagieuse, et que dès lors nul danger ne s'oppose à ce qu'on les laisse communiquer avec d'autres, le possesseur peut, d'après la décision administrative , leur rendre la liberté.

Il doit au contraire se l'interdire strictement , lorsque la décision est prohibitive : deuxième précaution dont on ne peut s'écarter sans encourir un emprisonnement plus long et une amende plus forte que dans le premier cas.

Si même , pour n'avoir pas respecté la prohibition , une contagion était survenue, le Code veut que l'emprisonnement soit de deux ans au moins et cinq ans au plus, et que l'amende puisse être prononcée dans une proportion qui ne pourra être moindre de cent francs ni excéder mille.

Le Code ne pourrait s'étendre davantage en cette partie , sans se livrer à une multitude de détails extrêmement fastidieux et qui appartiennent à la classe des dispositions réglementaires.

Telle est , Messieurs , l'analyse des principales dispositions du chapitre relatif aux attentats contre la propriété. A cet égard, il est beaucoup de délits emportant des peines de police correctionnelle qui seront prévenus, si les gardes champêtres , les gardes forestiers et autres officiers de police exercent avec une sévère exactitude la surveillance qui leur est confiée : ils seront donc plus coupables que les autres, lorsqu'eux-mêmes commettront ces délits. Aussi une disposition particulière rend plus forte à leur égard la peine de police correctionnelle : cette disposition ne s'applique qu'aux attentats contre la propriété.

Je terminerai par quelques observations sur une disposition générale qui s'applique à toutes les parties du Code.

Observations générales.

Au milieu d'un si grand nombre de délits de police correctionnelle que le Code a prévus, il est facile de concevoir que plus d'une fois des actes qualifiés délits seront accompagnés de circonstances particulières, qui, loin de les aggraver, les atténueront sensiblement. La justice reconnaîtra peut être en même temps que le dommage éprouvé par la personne lésée est extrêmement modique; il pourrait dès lors en résulter que le minimum de la peine déterminée par la loi pour le cas général serait trop fort, et que les juges se trouveraient placés dans l'alternative fâcheuse d'user envers le coupable d'une rigueur dont l'excès leur paraîtrait injuste, ou de le renvoyer absous, en sacrifiant le devoir du magistrat à un sentiment inspiré par l'humanité.

Une disposition qui termine la partie du Code dont nous nous occupons en ce moment, porte que, si le préjudice n'excède pas vingt-cinq francs, et que les circonstances paraissent atténuantes, les juges sont autorisés à réduire l'emprisonnement, et l'amende même, jusqu'au minimum des peines de police. Au moyen de cette précaution, la conscience du juge sera rassurée, et la peine sera proportionnée au délit.

Il n'était pas possible d'établir une règle semblable à l'égard des crimes : tout crime emporte peine afflictive ou infamante, mais tout crime n'emporte pas la même espèce de peine; tandis qu'en matière de délits de police correctionnelle, la peine est toujours, soit l'emprisonnement, soit l'amende, soit l'un et l'autre ensemble.

Cela posé, la réduction des peines de police correctionnelle ne frappe que sur la quotité de l'amende et sur la durée de l'emprisonnement.

Au contraire, les peines établies pour les crimes étant de différentes espèces, il faudrait, lorsqu'un crime serait atténué par quelque circonstance qui porterait le juge à considérer la peine comme trop rigoureuse, quant à son espèce, il faudrait, disons-nous, que le juge fût autorisé à changer l'espèce de peine, et à descendre du degré fixé par la loi à un degré inférieur; par exemple, à prononcer la réclusion au lieu des travaux forcés à temps, ou bien à substituer le

carcan à la réclusion. Ce changement, cette substitution ne seraient
pas une réduction de peine proprement dite; ce serait une véritable
commutation de peine. Or, le droit de commutation de peine est
placé par la constitution dans les attributions du Souverain; il fait
partie du droit de faire grâce: c'est au Souverain seul qu'il appartient
de décider, en matière de crimes, si telle circonstance vérifiée au
procès est assez atténuante pour justifier une commutation. La seule
exception laissée au pouvoir judiciaire, est dans les cas d'excuse;
encore faut-il que le fait allégué pour excuse soit admis comme tel
par la loi, avant qu'on puisse descendre, en cas de preuves, à une
peine inférieure.

Il résulte de ces observations qu'en fait de peine afflictive ou infamante, le juge doit se renfermer dans les limites que la loi lui a
tracées, qu'il ne peut dire que la faute est excusable que lorsque la
loi a prévu formellement les circonstances sur lesquelles l'excuse est
fondée, et que toute application d'une peine inférieure à celle fixée
par la loi est un acte de clémence qui ne peut émaner que du Prince,
unique source de toutes les grâces.

Vous venez d'entendre, Messieurs, les motifs des principales dispositions du projet de loi qui vous est soumis. En examinant ses détails
vous serez convaincus, nous osons l'espérer, que dans cette partie,
comme dans toutes les autres de la législation pénale, on a tâché
d'atteindre le plus haut degré de perfection possible. Nos efforts pour
perfectionner le Code ont été secondés par les sages observations de
votre commission. Si ce monument, fruit de longues et profondes
méditations, est recommandé par vos suffrages, il réunira tous les
titres à la confiance publique.

MOTIFS du Livre IV, Chapitres I et II, présenté au Corps législatif par MM. le Comte RÉAL et les Chevaliers FAURE et GIUNTI, Conseillers d'Etat.

Séance du 10 Février 1810.

MESSIEURS,

Nous avons l'honneur de vous présenter le quatrième et dernier
Livre du *Code des* DÉLITS ET DES PEINES, celui qui établit les
peines de police simple, et qui définit et classe les diverses *contraventions* auxquelles ces peines seront appliquées.

Ceux

Ceux qui m'ont précédé à cette tribune vous ont parlé de *crimes*, de *délits ;* et au moment où ils ont déroulé sous vos yeux cette épouvantable série d'attentats qu'il faut prévoir, chacun de vous, jetant un regard sur le passé, a vu dans ce tableau de crimes possibles et presque prophétisés, la véritable et sanglante histoire des passions, des fureurs et de la dépravation de l'homme.

Je viens mettre sous vos yeux des tableaux moins sévères, rappeler des souvenirs moins tristes ; et dans cette série de fautes que la morale réprouve encore et que la loi punit, du moins vous ne verrez plus de *crimes*, plus de *délits*, mais de simples *contraventions ;* dans l'énumération des peines, vous ne m'entendrez point parler de mort, de sang versé; plus de fers, plus de travaux forcés : un *emprisonnement* de quelques jours, une légère *amende*, suffiront pour proportionner ici la *peine* à la *contravention*.

Les dispositions contenues dans les trois premiers Livres, les *peines* qui y sont déterminées, établissent le Code de *police de sûreté ;* elles ont pour objet et auront pour résultat de s'assurer de la personne de tous les malfaiteurs qui, de temps en temps et sur diverses parties du territoire, signalent leur funeste existence par des attentats à la vie ou à la propriété des citoyens.

Les dispositions renfermées dans le quatrième Livre que nous vous présentons, ont pour objet, auront aussi pour résultat nécessaire le maintien habituel de l'ordre et de la tranquillité dans toutes les parties de l'Empire.

Cette quatrième partie, concourant par des moyens différens au même résultat, était le complément nécessaire et indispensable des trois premières.

Ainsi, par exemple, effrayés ou atteints par les dispositions précédentes, les brigands ne peuvent infester les grandes routes, et le voyageur peut les fréquenter avec sécurité. La partie du Code que nous vous présentons va plus loin, et sur ces routes, devenues sûres par le bienfait des précédentes dispositions, elle maintient l'ordre qui en procure l'usage, qui en écarte les accidens ; et si les précédentes dispositions mettent le voyageur à l'abri des attentats du voleur, celles que nous présentons le défendent contre l'insolence et la tyrannie du roulier.

Ainsi, lorsque les dispositions précédentes garantissent les propriétés des ravages de l'incendie, en punissant de mort l'incendiaire volontaire, la loi de *police* donne à la propriété une garantie nouvelle, en éveillant l'attention, en punissant les imprudences qui causent les incendies accidentels.

Au Code qui poursuit et supplicie la méchanceté qui commet les *crimes*, il a donc fallu joindre celui qui châtie l'imprudence, cause de tant d'accidens et de malheurs.

12

Et pendant que les dispositions précédentes assurent le repos de la cité par le supplice du criminel consommé qui lui fait la guerre, les dispositions du Code de *police simple* arrivent au même but en faisant la guerre aux petites passions, à ces *contraventions* légères dont l'habitude ne conduit que trop souvent aux plus grands crimes.

Plusieurs des dispositions contenues dans ce Code ne seraient point déplacées dans un cours de morale; et c'est ainsi que le Code sévère des *délits et des peines*, ce Code vengeur des crimes, arrive par degrés aux Codes du bon voisinage et de l'urbanité.

Avant l'Assemblée constituante, les dispositions qui forment aujourd'hui le *Code de police simple* étaient disséminées et perdues dans un grand nombre de volumes, dans une infinité de règlemens et d'ordonnances de police, dont plusieurs, de date très-ancienne, n'étaient plus en harmonie ni avec les mœurs ni avec les habitudes nationales.

Chaque province, chaque ville, chaque quartier avait ses lois, ses usages locaux, sa jurisprudence particulière; et dans cette partie de la législation qui touche de plus près le peuple, et surtout dans la partie pénale de cette législation, l'arbitraire et le caprice classaient le délit, infligeaient, graduaient et quelquefois créaient la peine.

Après s'être occupée du grand ouvrage de la *police de sûreté*, l'Assemblée constituante tira du cahos la législation relative à *la police simple*, et par la loi du 19 juillet 1791 en créa le Code sous le nom de *Police municipale*.

Le Code des *délits et des peines* du 3 Brumaire an IV, (art. 595 et 596) rapporta les dispositions de la loi du 19 juillet 1791, relatives à la forme de procéder et aux règles d'instruction à observer par les tribunaux de *police municipale* et *correctionnelle*, et interdit en conséquence aux municipalités tout exercice du pouvoir judiciaire que la loi de 1791 leur avait attribué.

Le même Code de Brumaire, après avoir (article 600) spécifié les peines de police simple, ne consacra qu'un seul article (l'art. 605) à la classification des délits qui en seraient passibles; et il admit au nombre de ces délits, les délits mentionnés dans le titre II de la loi du 28 septembre 1791, sur la *police rurale*, et qui, suivant les dispositions de cette loi, *étaient dans le cas d'être jugés par voie de police municipale*.

Un second article (l'art. 606) laissait au tribunal de police le pouvoir de graduer, selon les circonstances et le plus ou le moins de gravité du délit, les *peines* qu'il était chargé de prononcer, sans néanmoins qu'elles pussent en aucun cas être au dessous d'une amende de la valeur d'une journée de travail ou d'un jour d'emprisonnement, ni s'élever au dessus de la valeur de trois journées de travail ou de trois jours d'emprisonnement.

Un troisième article (l'art. 607) prononçait sur la récidive ; et dans ce cas, les peines devant suivre la proportion réglée par les lois des 19 juillet et 28 septembre 1791, et ces peines alors excédant la compétence du tribunal de police, ne pouvaient être prononcées. que par le tribunal de *police correctionnelle.*

Enfin un quatrième et dernier article (l'art. 608) définissait la *récidive.*

Cette législation ainsi réduite présentait des lacunes à remplir.

La dernière disposition de l'article 605, comparée à quelques dispositions des articles empruntés à la loi du 28 septembre, faisait naître sur la compétence quelques incertitudes.

Quelques délits soumis à la *police simple* paraissaient assez graves pour être réclamés par la *police correctionnelle*, et réciproquement quelques contraventions attribuées à celle-ci appartenaient évidemment à la *police simple.*

La presque totalité des dispositions empruntées à la loi du 28 septembre 1791 paraissent étrangères à *la police simple*, et sont réclamées par le *Code rural.*

La peine prononcée contre la *récidive*, et surtout le changement de jurisdiction qui donne les juges et qui applique les *peines du délit* à ce qui n'est qu'une *contravention*, ont paru répugner aux principes.

Enfin, cette latitude accordée au juge, par une heureuse innovation, pour l'application de la *peine*, cette latitude, dis-je, resserrait l'équité du juge dans un espace encore trop étroit, et la même *peine* pesait trop également sur des *délits* de force inégale.

Dans le projet soumis à votre sanction, vous trouverez les dispositions que désirait le dernier état des choses, et les lacunes seront remplies.

Les limites de la compétence ont été indiquées par des lignes très-prononcées.

On a restitué tous les *délits* à la *police correctionnelle*, qui a rendu à la *police simple* toutes les *contraventions.*

On a renvoyé au *Code rural* toutes les dispositions qui lui appartenaient franchement ; quelques *contraventions* mixtes sont restées seules dans le domaine de la *police simple.*

La *récidive*, jugée *par les mêmes juges*, trouve une punition plus proportionnée à la *contravention* et plus conforme aux principes.

Enfin, dans ce projet, dont je vais en très-peu de lignes vous tracer l'économie, vous verrez que par le moyen d'une simple classification, combinée avec une plus grande latitude donnée au juge, nous avons évité ce que l'arbitraire du juge, ce que l'arbitraire de la loi pouvaient avoir de dangereux, pour obtenir de l'équité du juge et de la sévérité de la loi une punition bien juste, bien proportionnée à la *contravention.*

Le Livre IV est distribué en deux chapitres.

Le premier traite *des peines.*

Le second traite des *contraventions* et *peines.*

Le chapitre premier spécifie les *peines*, en détermine l'étendue, la durée.

Ces peines sont l'*emprisonnement*, l'*amende* et la *confiscation* de certains objets saisis.

L'*emprisonnement* ne peut être moindre d'un jour, ni en excéder cinq.

Les *amendes* peuvent être prononcées depuis un franc jusqu'à quinze francs.

Le projet conserve et renouvelle la disposition qui se trouvait dans le Code de l'Assemblée constituante, et qui applique *l'amende* au profit de la commune où la *contravention* a été commise.

On a cru devoir répéter dans ce chapitre une disposition déjà consacrée dans un des précédens, et qui statue qu'en cas d'insuffisance des biens, les restitutions et les indemnités dues à la partie lésée sont préférées à l'amende.

Le paiement de l'amende, les restitutions, indemnités et frais entraîneront la *contrainte par corps;* mais avec ces différences que pour le *paiement de l'amende* le condamné ne pourra être détenu plus de quinze jours, s'il justifie de son insolvabilité; au lieu que pour le paiement des restitutions, etc., le condamné doit garder prison jusqu'à parfait paiement, à moins que ces dernières condamnations ne soient prononcées au profit de l'Etat.

Le chapitre II se subdivise en trois sections, et chaque section comprend une classe de *contraventions* qui est punie par une *peine* proportionnée à la gravité de la *contravention.*

Les *contraventions* de la première classe sont punies d'une *amende*, depuis un franc jusqu'à cinq francs.

De toutes les *contraventions* classées dans cette première section, il n'y en a que deux qui soient passibles de l'*emprisonnement;* encore le juge n'est-il point forcé de le prononcer, mais il le peut suivant les circonstances.

Dans ce cas, l'*emprisonnement* sera de trois jours au plus.

L'*emprisonnement*, pendant trois jours au plus, sera toujours prononcé en cas de récidive.

Les *contraventions* de la deuxième classe sont punies d'une *amende*, qui ne peut être moindre de six francs, et qui ne peut en excéder dix.

L'*amende* de cinq jours au plus est toujours appliquée en cas de récidive.

Les contraventions de la troisième classe sont punies d'une *amende* de onze à quinze francs inclusivement.

Suivant les circonstances, l'*emprisonnement*, pendant cinq jours au plus, *pourra* être prononcé contre quelques-unes des contraventions classées dans cette troisième section.

Et *l'emprisonnement* pendant cinq jours aura toujours lieu en cas de *récidive.*

C'est en établissant cette classification, c'est en accordant en même temps au juge le droit d'élever dans la proportion autorisée par la classification la quotité de *l'amende*, ou d'augmenter dans les cas prévus la durée de *l'emprisonnement*, que nous avons pu nous assurer que le texte de la loi ne serait ni éludé ni forcé, et que le juge jouirait cependant de l'indépendance raisonnable et suffisante dont il a besoin pour faire bonne justice ; indépendance réclamée par Montesquieu, qui prononce que *dans l'exercice de la police, c'est plutôt le magistrat qui punit que la loi.*

A la suite du chapitre IV se trouve, dans l'article 484 et dernier, une disposition générale qui s'applique au Code entier, et qui mérite toute votre attention ; cet article dit :

« En tout ce qui n'est pas réglé par le présent Code, en ma-
» tière de *crimes*, *délits* et *contraventions*, les cours et tribunaux
» continueront d'observer et de faire exécuter les dispositions des
» lois et règlemens actuellement en vigueur ».

Cette disposition était d'absolue nécessité ; elle maintient les dispositions pénales sans lesquelles quelques lois, des Codes entiers, des règlemens généraux d'une utilité reconnue, resteraient sans exécution.

Ainsi, cette dernière disposition maintient les lois et règlemens actuellement en vigueur, relatifs :

Aux dispositions du Code rural, qui ne sont point entrées dans ce Code ;

Aux taxes, contributions directes ou indirectes, droits réunis, de douanes et d'octrois ;

Aux tarifs pour le prix de certaines denrées ou de certains salaires ;

Aux calamités publiques, comme épidémies, épizooties, contagions, disettes, inondations ;

Aux entreprises de service public, comme coches, messageries, voitures publiques de terre et d'eau, voitures de place, numéros ou indication de noms sur voitures, postes aux lettres et postes aux chevaux ;

A la formation, entretien et conservation des rues, chemins, voies publiques, ponts et canaux ;

A la mer, à ses rades, rivages et ports, et aux pêcheries maritimes ;

A la navigation intérieure, à la police des eaux et aux pêcheries ;

A la chasse, aux bois, aux forêts ;

Aux matières générales de commerce, affaires et expéditions maritimes, bourses ou rassemblemens commerciaux, police des foires et marchés ;

Aux commerces particuliers d'orfèvrerie, bijouterie, jouaillerie, de serrurerie et des gens de marteau, de pharmacie et apothicairerie, de poudres et salpêtres, des arquebusiers et artificiers, des cafetiers, restaurateurs, marchands et débitans de boissons, de cabaretiers et aubergistes;

A la garantie des matières d'or et d'argent;

A la police des maisons de débauche et de jeu;

A la police des fêtes, cérémonies et spectacles;

A la construction, entretien, solidité, alignement des édifices, et aux matières de voieries;

Aux lieux d'inhumation et sépulture.

A l'administration, police et discipline des hospices, maisons sanitaires et lazarets; aux écoles, aux maisons de dépôt, d'arrêt, de justice et de peine, de détention correctionnelle et de police; aux maisons ou lieux de fabrique, manufactures ou ateliers; à l'exploitation des mines et des usines;

Au port d'armes;

Au service des gardes nationales;

A l'état civil, etc., etc.

Vous connaissez maintenant, Messieurs, dans son ensemble et dans ses détails, ce nouveau Code qui doit donner le mouvement au Code d'*Instruction criminelle* que vous avez sanctionné dans votre avant-dernière session.

Vous pouvez maintenant apprécier ce bel ouvrage, et reconnaître quelle immense supériorité lui donnent, sur celui de l'Assemblée constituante, les nombreuses améliorations qu'il a reçues.

Le Code des *Délits et des Peines* de 1791 était déjà sans doute un monument magnifique, élevé à l'humanité, à la raison, sur les ruines d'institutions barbares; mais on ne peut pas se dissimuler que ses auteurs travaillaient sur un volcan, et qu'ils n'ont pas toujours pu écouter la voix de la raison.

Vingt ans d'ailleurs se sont écoulés depuis que cette immense machine a été mise à exécution; et pendant ces vingt ans, au nombre desquels se trouvent les longues et instructives années qui ont précédé Brumaire, pendant ces vingt ans, une expérience de tous les jours a signalé les défauts, les parties faibles, les lacunes.

Soumises à un examen sévère, toutes les parties de ce grand ouvrage ont été l'objet d'une longue méditation; d'innombrables lacunes ont été remplies; tous les articles conservés ont été refondus; toutes les définitions, rendues plus complettes, ont gagné de clarté et de précision; des parties entières toutes nouvelles ont été ajoutées. Les juges cesseront enfin d'être les aveugles applicateurs d'un texte qui produisait par son inflexibilité même tous les maux d'un atroce arbitraire; l'immense bienfait de la latitude accordée aux juges débarrassera enfin leur raison de ces entraves d'acier qui la tenaient dans un homicide esclavage. Tous les crimes seront atteints, tous les criminels seront punis; parce que cette latitude permettra enfin au juge d'appliquer une peine qui, pouvant être toujours proportionnée au délit, ne sera jamais cruelle, ne sera jamais dérisoire. L'impunité de beaucoup de criminels est due à l'aveugle inflexibilité de la loi ancienne, autant peut-être qu'à la faiblesse des jurés et à la mauvaise composition du jury.

Ce Code présente à la société une sécurité plus grande, en plaçant les hommes repris de justice, les vagabonds et les mendians sous la surveillance légale de la haute police.

En insérant dans son Code ce moyen puissant d'ordre et de sûreté publics, le législateur ne hasarde point une théorie nouvelle dont les résultats soient incertains. Ce moyen, la force des choses l'avait créé; et, en l'adoptant, en lui donnant enfin une existence légale, le législateur n'a fait autre chose que consacrer une mesure dont une longue expérience avait proclamé l'efficacité : en la légalisant, il lui imprime une nouvelle force; il la dépouille de tout ce qu'elle pouvait offrir d'inquiétant et d'irrégulier, en intéressant les tribunaux à son maintien, en les associant à son exécution.

Vous n'hésiterez donc pas, Messieurs, à revêtir de votre sanction ce nouveau Code, digne de prendre place dans cette grande et majestueuse collection de Codes honorés du nom de leur illustre auteur. Ce Code portera aussi le nom de NAPOLÉON, non pas seulement parce qu'il aura été promulgué sous son règne, facile honneur, dont pouvaient se contenter les monarques dont on a dit, légèrement sans doute, qu'ils étaient seulement les rois d'un grand règne; il portera le nom de NAPOLÉON, parce qu'il est aussi son ouvrage, parce que ce guerrier législateur en a éclairé la discussion, parce qu'il l'a enrichi de ses inspirations, parce que ce Code porte l'empreinte de sa sagesse et de son génie.

Heureux, Messieurs, d'associer vos travaux à ses travaux!

Heureux d'assister à cette époque où sa main puissante, sa main créatrice lance ainsi dans l'espace des siècles ses lois immortalisées par son nom !

Epoque miraculeuse, époque héroïque où chaque année de son règne est signalée,

Par la conquête d'un empire;

Par une paix toujours glorieuse, toujours généreuse, parce que toujours la force et la modération l'ont dictée;

Par la confection de travaux immenses;

Par des projets nouveaux dont la conception seule aurait suffi pour immortaliser un autre monarque.

S'il combat, s'il triomphe, s'il pardonne comme César, il consolide et pacifie comme Auguste.

Économe et magnifique, il change aussi la vieille cité en une cité de marbre.

Et au moment où il rétablit et agrandit encore l'Empire de Charlemagne, au moment où il restitue à l'Italie régénérée la Rome des Césars, il donne à la grande nation des Codes qui font oublier ceux qui portent le nom de Justinien.

Ainsi, couvert de tous les genres de gloire, de tous les faits glorieux qui, pris séparément, ont illustré tant de héros, tant de siècles, le héros du dix-neuvième continue de marquer, par d'impérissables monumens, chacun des pas qu'il fait dans sa marche triomphale qui le conduit à l'immortalité.

Fin de l'Exposé des Motifs du Code pénal.